介護でもらえる

介護のプロだけが
知っている！

「お金」と「保障」がすらすらわかるノート

河北美紀
株式会社アテンド代表

2024年度
介護保険法改正
完全対応！

実務教育出版

はじめに

　この本を手に取っていただき、ありがとうございます。株式会社アテンド代表の河北美紀と申します。私は東京都江戸川区でデイサービスを中心とした介護事業を11年間経営しながら、有識者の一員として同区の介護認定審査会委員を務め、介護に関する本や記事なども執筆しております。

　本書は、前作『身近な人の介護で「損したくない！」と思ったら読む本』（実務教育出版）よりさらに、「お金と保障制度」に特化した内容、つまり介護保険制度だけではカバーしきれない社会保険制度、救済制度のしくみなどを盛り込みリニューアルした本です。

　この本を通じて、読者の皆様が抱える介護の不安や負担が軽くなり、人生がもっと明るく軽やかになるようお手伝いしたく、筆を執りました。介護をする上で何か困ったとき、項目別の「辞書」のようにお使いいただければ幸いです。

個々の生き方を追求していい時代

　2020年の国勢調査で、日本の生涯未婚率は50歳男性で28.3%、女性で17.8%となりました。後期高齢者である親の世代とはまったく違う価値観で生きている若い世代。そんな彼らにとって、親の介護によって生活が変わったり、仕事を続けられなくなるといった現実は、受け入れ難いことだと思います。

　本来、介護によって介護者が生活を大きく変える必要もなければ、仕事を諦める必要もないのです（もちろん、自分の生活スタイルもプライベートもすべて寄り添うことに幸せを見出しているならば、その限りではありません）。

昔の習わしや固定概念にとらわれることなく自由に生きやすくなった現代を反映してか、今や「我が子に介護の負担を負わせたくない」と考える親世代の方々が、私のセミナーに足を運び熱心に学ばれています。

　つまり、当事者（介護される側）あるいは当事者予備軍の高齢者たちが介護を自ら学び、最後まで自立しようとする時代が来ているのです。

　「最後まで自立していたい」と本気で思っている人は、しっかり学び行動しています。今の時代、「介護をしてもらって当たり前」と思っている人はどれほどいるでしょうか。おそらく、ほとんどいないのではないでしょうか。

　家族単位ではない、個々の生き方をもっと追求していい時代。

　そんな時代の「介護」は、お一人様でも、介護をしてくれる家族がいなくても、在宅生活が成り立つものでなくてはなりません。

　そして、それは読者の皆様が「介護保険制度」を大いに活用することで可能になります。本書を出版する意味も、そこにあります。

超高齢社会の日本を生きる

　介護保険制度がスタートしたのは2000年。私が大手メガバンクに就職してから5年後のことでした。当時の私はまだ25歳と若かったこともあり、「自分には関係のない制度」だと気にも留めなかったのを覚えています。

　しかし2024年の今では、誰もがこの「超高齢社会」に無関心ではいられなくなり、日本全体にとって大きな課題となりました。

　一方で、日々進化し続けるテクノロジーのおかげで介護はどんどん進化しています。私たちは今後、ますます自由度の高い、自分らしい暮ら

しを実現できることでしょう。

　介護保険制度は2000年の開始以降、3年ごとに制度の見直しと改正が行われており、2024年は第9期目にあたります。これから私たちの暮らしがどうなっていくのか、高齢者の介護はどう変化するのか？　介護保険制度の改正に注目が集まっています。

　本書でも2024年の介護保険制度改正について解説していますので、関心のある項目をぜひご覧ください。

父の介護をした当事者として

　私の父は65歳の時に脳梗塞で倒れ、そのまま要介護状態になりました。当時35歳だった私は、それから8年間独り身の父を介護しました。介護は、入院やケガをきっかけに突然始まることが多いのです。

　父が倒れたのは、父が一人暮らしをしていたアパートの部屋。発見されたのは、倒れてから2日後でした。職場に出勤してこない父を心配した同僚が近所の方に頼み、父の家を見に行ってもらったことで父は発見され、命拾いしたのでした。

　突然救急隊から電話を受け、父が倒れたと聞いたときは、頭が真っ白になったことを今でも覚えています。

　1カ月後、左半身に麻痺が残ったものの、父は退院して在宅生活に戻りました。これが私の「介護生活の始まり」でした。

　それからは多くの介護サービスを活用し、お世話になりました。お金の手当も申請し、父の年金と預金だけで8年間の介護ができました。その経験、手当の情報などをお届けすることで、きっと読者の皆様の負担が減らせると確信しています。

本書では、序章で注目の2024年度介護保険制度改正について解説しています。改正案の内容について早見表にしていますので、気になる項目からご覧下さい。

　1章では、リアル実例の「介護破産」のストーリーです。介護破産を避けるための援助のポイントが書いてありますのでぜひ参考にしてください。

　2章では、介護保険制度のしくみと、いざというときに受けられる介護サービスの種類について解説しています。

　3章では、在宅介護でもらえる介護手当、施設費用を軽減できる制度などをご紹介します。

　4章は、医療・年金・税金の救済制度について解説。高齢者の権利擁護につながる制度も紹介していますので必見です。

　5章では、正しい老人ホームの選び方について。老人ホームは、介護を考えるうえで多くの方の関心事となっている項目です。

　そして最後の6章。高齢者虐待の真実について、皆さんが見逃しがちな虐待のサインをチェックシートにしています。

　長期戦の介護を乗り切るには、必要な情報を得ることと、そして事前の備えがとても大切です。介護をする方も、される方も、自分らしく幸せな人生を送れるよう本書を活用いただけることを願っています。

　最後に。私の出版を支え応援してくれた家族、大切な方やお仲間、本書の制作に関わってくださったチームの皆様、そして私の専門性を見出し出版まで導いてくださいました先生方、実務教育出版の小谷俊介様に心から感謝申し上げます。

2024年3月吉日

株式会社アテンド 代表取締役　河北美紀

「要介護認定」の流れ

～損しない介護サービスの利用手続き～

介護サービスを利用したい方は、要介護認定の申請が必要です。

申請する基準	
第1号被保険者　65歳以上	「原因を問わず」介護が必要になったとき
第2号被保険者　40歳～65歳の方	「特定疾病が原因」で介護が必要になったとき

特定疾病とは？

1. がん（末期）	2. 関節リウマチ	3. 筋萎縮性側索硬化症（ALS）
4. 後縦靱帯骨化症	5. 骨折を伴う骨粗鬆症	6. 初老期における認知症
7. 進行性核上性麻痺、大脳皮質基底核変性症及びパーキンソン病	8. 脊髄小脳変性症	9. 脊柱管狭窄症
10. 早老症	11. 多系統委縮症	12. 糖尿病性神経障害、糖尿病性腎症及び糖尿病性網膜症
13. 脳血管疾患	14. 閉塞性動脈硬化症	15. 慢性閉塞性肺疾患
16. 両側の膝関節または股関節に著しい変形を伴う変形性関節症		

1 要介護認定の申請

市区町村の役所窓口（地域包括支援センターなどで手続きを代行する場合もあり）
へ申請します。

- ・65歳**以上**（**第1号被保険者**）　➡　介護保険被保険者証**が必要**
- ・40歳〜64歳（**第2号被保険者**）　➡　医療保険証**が必要**

その他の必要書類については、市区町村などへご確認ください。

2 認定調査・主治医意見書の依頼

市区町村などの介護認定調査員が自宅や病院に訪問し、要介護者の心身の状態
を確認します（認定調査）。その後、主治医（かかりつけ医）に主治医意見書を依頼。
意見書は、主治医から市区町村に直接送られます。主治医がいない場合は、市区
町村が指定する指定医に診察を依頼します。

3 要介護度の審査

コンピューターで認定調査の結果と主治医意見書の一部の項目を集計し、全国一
律の判定方法で要介護度の判定が行われます（一次判定）。一次判定の結果と主
治医意見書に基づき、保険・福祉・医療の学識経験者で構成される介護認定審査
会において要介護度の最終判定が行われます（二次判定）。

4 認定

市区町村は、介護認定審査会の判定結果に基づき、要介護認定を行います。認定
は、自立できている順に「非該当」「要支援1〜2」「要介護1〜5」の8段階に分
かれています。認定結果の通知は、市区町村より原則30日以内に通知されます。

5 介護（介護予防）サービス計画書の作成

要介護1〜5	要支援1〜2	非該当
	「介護予防サービス」 ＋	＋ 厚生労働省の「基本チェックリスト」に該当した場合
「介護サービス」 が利用可能	「介護予防・日常生活支援総合事業（総合事業）」 が利用可能	「介護予防・日常生活支援総合事業（総合事業）」が利用可能

出典：厚生労働省

「介護サービスの利用」の流れ

介護サービスを利用できる方

	第1号被保険者	第2号被保険者
対象者	65歳以上の方	40歳以上65歳未満の健保組合、全国健康保険協会、市区町村などの医療保険加入者
受給要件	要介護(要支援)状態	要介護状態が、老化に起因する疾病の場合 ※特定疾病(6ページ参照)
保険料	市区町村が徴収 (年金からの天引きが原則) 65歳になった月から徴収開始	医療保険料と一体的に徴収 40歳になった月から徴収開始

1 要介護認定の判定結果を確認(「事業対象者」のみ自身で判定)

要介護1〜5 ➡ 居宅介護支援事業所(64ページ参照)がケアプランを作成。サービス事業者と契約後「介護サービス」などの利用が可能

要支援1〜2 ➡ 地域包括支援センター(58ページ参照)がケアプランを作成。サービス事業者と契約後「介護予防サービス」などの利用が可能

非該当 ➡ 「一般介護予防事業」(市区町村が独自の財源で行う、生活機能低下予防事業)の利用が可能

事業対象者
(要支援1相当) ➡ 厚生労働省による基本チェックリストに該当すれば、要介護者の住む市区町村が行う「介護予防・日常生活支援総合事業(総合事業)」の利用が可能

2 ケアマネジャーの決定

「居宅介護支援事業所」や「地域包括支援センター」などの担当ケアマネジャーと、ケアプラン作成などに関する契約を行います。

ケアプラン作成に費用はかかりません。
（※令和6年3月現在。ケアプランはご本人や家族が作成することも可能です）

③ 介護サービスの依頼

居宅介護支援事業所などのケアマネジャーからの紹介や、自分で探した「サービス事業所（デイサービスなど）」への見学を申し込みます。

利用が決定したサービス事業者が、要介護者の生活課題の分析のためアセスメント（調査）を行うと同時に契約を行います。

④ ケアプラン（介護サービス計画書）の原案作成

ケアマネジャーが、利用が決定した介護サービスに沿ってケアプランの原案を作成します。

⑤ サービス担当者会議の開催

利用者の自宅に、ケアマネジャーや介護サービスを提供する事業者の担当者が集まり、ケアプランに沿って、利用者の生活目標や各サービスの内容などを確認します。利用者や家族は、サービスについての説明を受け、同意のサインをします。

利用者は正式なケアプランの交付を受けます。

⑥ サービスの開始

介護サービスの開始。サービス事業者は、正式なケアプランに沿ってサービスを行います。サービスに変更希望がある場合は、ケアマネジャーへ相談しましょう。

⑦ モニタリング

ケアプランに基づいた介護サービスが提供されているか、ケアマネジャーが定期的に利用者の自宅を訪れて確認（モニタリング）します。

モニタリングによって利用者の心身状態の変化が見られた場合、必要に応じてケアプランの見直しを行います。

その場合は再度アセスメントを行い、ケアプランを修正し再交付します。

⑧ 更新

介護保険被保険者証の有効期限が終了する前に、更新申請を行います。また、要介護者の心身の状態に著しく変化があった場合は、認定の有効期間内でも設定の見直しを申請できます。

出典：厚生労働省

目 次

序 章 ＼知ると知らないでは天地の差！／
「2024年度介護保険法改正」の全容

第1章 ＼実例収録！／
介護破産はこうして起こる

第2章 ＼まずはキホンを押さえる！／
介護保険制度でできること

第3章 ＼もらい忘れが悲劇を招く！／
介護でもらえる手当のすべて

第4章 ＼ 介護者の9割が知らない！／
医療・年金・税金の「救済制度」

第5章 ＼絶対にだまされない！／
正しい老人ホームの選び方

第6章 ＼ 気づかないから恐ろしい！／
高齢者虐待の真実

序　章

＼ 知ると知らないでは天地の差！ ／

「2024年度介護保険法改正」の全容

　3年に一度見直される介護保険制度。7回目の見直し時期にあたる2024年は、高齢者の介護サービス利用料や介護保険料の負担について議論がされており、高齢者の生活に影響が出る改正内容となりそうです。

　しかし物価高騰の影響によって、厚生労働省も「慎重な検討をする必要がある」として、**本来予定されていた2023年夏には結論を出さず、2023年の年末にようやく結論が出ました。**

　これから、私たちの暮らしはどうなっていくのでしょうか。

改正検討内容の大枠		2024年に法改正が検討されている項目	結論
	①	介護サービス費2割負担対象者の拡大	見送り
	②	ケアマネジメントの有料化	見送り
	③	要介護1〜2の介護保険外し	見送り
	④	通所＋訪問介護の一体型サービス新設	見送り
	⑤	65歳以上の介護保険料引き上げ	実施
	⑥	介護保険料の全国一律化	見送り
	⑦	介護サービス事業所に対する財務諸表の公表義務化	実施
	⑧	介護老人保健施設及び介護医療院の多床室室料負担の導入	実施

01

介護サービス費
2割負担の対象拡大は「見送り」

～高齢者の生活を最優先～

▶物価高騰に配慮か？「2割負担の対象拡大は見送り」

　2024年の介護保険制度改正案の中でも注目されていたうちの一つ、介護サービス費2割負担の対象者拡大（介護サービス費とは、デイサービスなどの介護サービスを利用したときにかかる自己負担額。2割負担対象者の基準年収が下げられたため、今まで1割負担だった人が同じ収入でも2割負担になってしまう）について、2023年12月に政府は「見送り」を決めました。新聞やテレビ、インターネットニュースなどを見て、ほっとした方も多いのではないでしょうか？

「介護サービス費2割負担の対象拡大」案については、「後期高齢者医療費」の窓口負担が2割となる対象が拡大されたことを受けて、介護保険でも2割負担の拡大を行いたいと提言が上がっていました。しかし、物価高騰で高齢者の生活も苦しくなっていることから、高齢者の生活への配慮が必要と判断し、今回「見送り」の結論となりました。

▶2割負担拡大は2027年度から始まる？

　2割負担の対象拡大については、今までも議論が出ては先送りになっていました。しかし、次の第10期（2027～2029年度）介護保険事業計画までには結論が出るようです。

さて、後期高齢者医療費の場合は、窓口負担が年収200万円以上となると2割負担です。もし介護保険の自己負担が後期高齢者医療と同じ要件になった場合、**後期高齢者医療費が値上がりとなった所得層は、医療費に加えて介護費も値上げとなります。**

現在、介護サービス利用者の約9割は「自己負担1割」。年々増加し続ける介護費用の財源確保や介護現場の低賃金を改善するために、利用者の負担増などが不可欠と政府は考えているよう。2割負担拡大は、時間の問題かもしれません。

介護サービスの利用控えは起こるのか？

自己負担割合が増加すると、経済的理由で「利用控え」が起きるのか？ということに注目が集まります。**介護サービスの利用控えは、高齢者の生活の質が落ちる、あるいは介護者の負担が増えることにつながります。**しかし、介護サービスがないと生活が成り立たない方にとっては、金銭的な負担が重くなったとしても利用控えをするという選択肢がないといえます。介護費用は、こうした社会情勢も考慮して考えておくと良いでしょう。

02

ケアマネジメントの有料化は「見送り」

～安心するのはまだ早い？～

▶ 有料化でケアマネジャーを選ぶ意識が変わる

　以前から、「いつかケアマネジメントも有料化される」という話が持ち上がっては消えるの繰り返しでしたが、2024年の介護保険制度改正においては、ケアマネジメントの有料化は見送りとなりました。

　とはいえ、**ケアマネジメントの有料化は2027年度の制度改正までには結論を出す方針のよう。**

　仮に実施となった場合、業務負担の増大がさらにケアマネージャー不足に拍車をかける結果になるでしょう。

▶ セルフプラン（自分でケアプラン作成）にも課題あり

　経済的負担を減らすために、介護にかかる費用を削減するには、**ケアマネージャーが行っていたケアプランの作成を利用者自身が作成（セルフプラン）することもできます。**しかし、素人である利用者や家族が介護報酬単位計算を行い、毎月期限までに実績報告を市区町村へ行うことは現実的に難しいでしょう。

　セルフプランにはまだ多くの課題があり、一般的になるには時間がかかりそうです。

03

要介護1〜2の
介護保険外しは「見送り」

〜要介護1〜2の方の暮らしはどうなる？〜

2024年介護保険制度改正において、**要介護1〜2を介護保険の対象外（市区町村の行う総合事業へ移行）** とすることは見送りになりました。しかし、そもそも「要介護1〜2が介護保険の対象外になる」というのは、どういうことなのでしょうか。

それは、要介護1〜2の方を軽度者と見なし、**市区町村が行う「介護予防事業サービス」の利用に切り替えよう**ということです。

【総合事業とは】

市区町村が中心となって、通所型・訪問型サービスなどの介護サービスや交流の場を提供。要支援者に対する効果的な支援を行うもの。

【介護保険サービスとは】

要介護1〜5の方に対して、**国が料金や提供する介護サービスなどを決めています。**

▶要介護1〜2は「軽度者」で良いのか？ という議論

「要介護1〜2を軽度と見なすことで、必要なサービスが不足するのではないか？」と、介護事業者から不安の声が多くあがっています。

将来改正に踏み切るかどうか、国は難しい判断を迫られそうです。

04

通所＋訪問の一体型
サービス新設は「見送り」

～在宅生活を支える基盤を強化したい考え～

▶12年ぶりの新しい介護サービスならず

　通所（デイサービス）と訪問介護（ヘルパー）を組み合わせた複合型の介護サービスの誕生は、今回見送りとなりました。厚生労働省は、今後都市部を中心に85歳以上の人口が急増し、介護サービスのニーズが増加することを見込み、**在宅生活を支える介護サービスの基盤作りを強化軸の一つとして、通所と訪問を組み合わせた新しい複合型サービスの新設を検討**していました。

　通所と訪問の複合型サービスとは、要介護者の**体調や環境の変化に合わせ、柔軟にデイサービス・訪問介護を組み合わせて提供**するサービス。

　実際コロナ禍においては、感染予防の観点から、デイサービスなどの通所事業所の職員が利用者宅に訪問して介護を行うという臨時的な対応が認められました。こうした実績や訪問介護員（ヘルパー）不足を補うという観点から、今後こうした利便性の高い複合型のサービスの創設が不可欠となるでしょう。

　正式に決まれば、2012年に制度化された定期巡回・随時対応型訪問介護看護と看護小規模多機能型居宅介護以来、**実に12年ぶりの「新しい在宅サービス誕生」**となるはずでした。

　ちなみに、（看護）小規模多機能型居宅介護は通所・訪問・泊りの３つを組み合わせた複合型サービスとして、徐々に利用者が増えているサービスです。

05

65歳以上の
介護保険料引き上げは「実施」

～年間所得420万以上の高齢者が対象～

▶介護保険料を細分化して見直し

　現在、国は所得層の段階区分を9段階に分けています。各市区町村も所得層を9～16段階に分け、それぞれ収入に合わせて介護保険料を徴収しています。

　しかし今回の改正で、**国が基準としている所得層9段階から13段階に細分化し、年間所得が420万円以上の高齢者には介護保険料の値上げ、所得が低い高齢者については値下げをすることになりました。**

　すでに、国基準の9段階に先駆けて16段階まで所得区分を細分化している市区町村もあります。今回の改正では、国に先駆けて16段階を採用する市区町村に合わせ、国が後追いで13段階に所得区分を細分化した流れです。

　具体的には、420万円以上・520万円以上・620万円以上・720万円以上の4段階を新たに設け、合計13段階の所得区分を採用することになります。開始時期は2024年4月からの予定です。

06

介護保険料の
全国一律化は「見送り」

～将来、全国一律の介護保険料になる可能性大～

▶ 介護保険料の透明性を担保する動き

　社会保障審議会「介護保険制度の見直しに関する意見」の中で、40歳～64歳未満（第2号被保険者）が負担する介護保険料（保険料率）を、将来的には全国一律にする仕組みが必要との提言がありました。

　第1号被保険者（65歳以上）の介護保険料全国平均は、創設時の2,911円から6,014円（第8期）と上昇を続け、将来的には9,000円程度に達すると見込まれています。しかし、この6,014円という金額はあくまで「市区町村の平均」です。最も介護保険料が高い市区町村である東京都の青ヶ島村は、第8期（令和3～令和5年度）ですでに9,800円という高額な介護保険料となりました。

　2024年の改正には影響ないものの、**こうした保険料の不均衡をなくし、透明性を担保するためにも、市区町村ではなく国の定める保険料率へと見直す必要があると考えているようです。**

07

介護サービス事業所に対する
財務諸表の公表義務化は「実施」

～命令に従わない場合、業務停止命令・指定取り消しも～

▶介護サービス事業者の「財務状況の見える化」が目的

　今回の法改正で、介護サービス事業所に対して「財務諸表の公表」が義務化されました。社会福祉法人などは、すでに財務諸表の公表が義務化されていましたが、介護サービス事業者にも財務諸表の提出をさせることで、都道府県などがより正確に介護サービス事業所の経営状況を把握することができるようになります。

　近年は、介護サービス事業所の倒産件数が過去最多を記録するなど、私たち利用者にとって不安なニュースも続いていました。今後は、都道府県が介護サービス事業者の財務状況を把握しながら、介護報酬のコントロールや調整などを慎重に行いたいという狙いもあるでしょう。

　しかしながら、**小規模事業者が多数の介護サービス事業所にとって、「財務諸表の提出・公表」さらには「介護サービス別（部門別）の会計報告」は容易ではありません**。会計事務所に支払う部門別会計の費用増大を考えると、介護事業者にとっては苦しい改正となったかもしれません。

08

介護老人保健施設及び介護医療院の多床室室料負担導入は「実施」

～制度の公平性を保つために有料化へ～

▶個室だけではなく多床室からも居住費を徴求

　介護老人保健施設、介護医療院における多床室の居住費を導入することが検討されていましたが、2024年の改正で実施が決定しました。

　上記老人ホームでは、個室で入所する場合水道光熱費と室料について利用者負担がある一方で、**多床室の場合は「水道光熱費を居住費とする」とされていました。つまり室料の負担は実質なかったのです。**

　しかし、在宅サービスを受ける方との公平性や介護保険制度利用全般における公平性を考え、多床室の室料負担についても見直しとなりました。

　介護老人保健施設及び介護医療院の多床室が有料化となるのは2025年度からの予定で、一定の所得がある利用者に対して月8,000円程度の負担を求める方針です。

第1章

＼ 実例収録！ ／

介護破産は
こうして起こる

大切な人が認知症になったら どうしますか？

高齢者の5人に1人が認知症になるという現実

　ある日、父親や母親あるいは配偶者が出かけたまま家に帰れなくなったら、あるいはあなたの顔を見ても誰だかわからず「どなたですか？」と尋ねてきたら、きっとそのショックは計り知れないと思います。

　主な認知症の種類は原因別に4つです。割合の多い順に紹介します。

認知症の1位はアルツハイマー型

主な認知症の種類	原因と症状	
アルツハイマー型 67.6%	原因	脳内にたまった異常なたんぱく質により神経細胞が破壊され、脳に委縮が起こる
	症状	昔のことはよく覚えているが、最近のことを忘れてしまう。軽度の物忘れから進行し、時間や場所の感覚がなくなっていく
脳血管性認知症 19.5%	原因	脳梗塞や脳出血によって脳細胞に血液が送られず脳細胞が死んでしまうことによる。高血圧や糖尿病などの生活習慣病が主な原因
	症状	脳血管障害が起こるたびに段階的に進行し、運動・言語障害などが起きる
レビー小体型認知症 4.3%	原因	脳内にたまったレビー小体というたんぱく質により、脳の神経細胞が破壊される
	症状	幻覚、手足の震え、筋肉が固くなるといった症状が見られる。歩幅も小さくなり転倒しやすくなる
前頭側頭型認知症 1.0%	原因	脳の前頭葉や側頭葉の神経細胞が減少し、脳が委縮する
	症状	感情の抑制がきかない、社会のルールを守れないなど

介護を考える上で、絶対に欠かせないケアの一つが認知症です。認知症とは、脳の機能が低下することにより生活に支障が出ている（およそ6カ月以上続いている）状態のことを言います。

　2025年には約700万人、高齢者の5人に1人が認知症になると言われていますので、自分や家族、あるいは非常に近い親族の誰かは必ず認知症になるということになります。決して他人事ではないのです。では、そのときのためにできることは何でしょうか？　それは正しい「知識」を持って備えることです。

こんな症状があったら？　認知症のサイン

　日常生活を送る上で支障がない程度なら（芸能人の名前が思い出せないなど）、年齢相応の物忘れの範囲と言ってよいでしょう。しかし通院の日時や起きた出来事を忘れてしまう場合は、**「認知症のサイン」**かもしれません。

　はじめは物忘れと見分けがつかないことも多いでしょうが、徐々に家事や身支度の段取りが悪くなったり、ミスが増えたりするということが起きてきます。次のような症状があるときには、専門機関に相談してみてください。

認知症のサインの例

物忘れ （記憶障害）	・数分前、数時間前の出来事をすぐ忘れる ・同じことを何度も言う・聞く ・しまい忘れや置き忘れが増えて、いつも探し物をしている ・約束を忘れる ・昔から知っている物や人の名前が出てこない ・同じものを何個も買ってくる

時間・場所が わからなくなる	・日付や曜日がわからなくなる ・慣れた道で迷うことがある ・出来事の前後関係がわからなくなる
理解力・判断力 が低下する	・手続きや貯金の出し入れができなくなる ・状況や説明が理解できなくなる、テレビ番組の内容が理解できなくなる ・運転などのミスが多くなる
仕事や家事、 身の回りのことが できない	・仕事や家事・趣味の段取りが悪くなる、時間がかかるようになる ・調理の味つけを間違える、掃除や洗濯がきちんとできなくなる ・身だしなみを構わなくなる、季節に合った服装を選ぶことができなくなる ・食べこぼしが増える ・洗面や入浴の仕方がわからなくなる、失禁が増える
行動・心理症状 （BPSD）	・不安、1人になると怖がったり寂しがったりする ・憂うつでふさぎこむ、何をするのも億劫、趣味や好きなテレビ番組に興味を示さなくなる ・怒りっぽい、イライラしている、些細なことで腹を立てる ・誰もいないのに誰かがいると言う（幻視） ・自分のものを誰かが盗んだと疑う（もの盗られ妄想） ・外出しても帰れなくなってしまう

早期発見がカギ！ まだ回復が見込める段階が「MCI」

本格的に認知症を発症する前の段階を「MCI（軽度認知障害）」と言います。この段階では認知症という診断には至らず、例えば「どこで何を買ったかを覚えていないが、買い物をしたことは覚えている」という状態です。認知症の場合は買い物をしたこと自体を忘れてしまいます。

▶MCI（軽度認知障害）とは

・正常と認知症の中間の状態

・物忘れはあるが、日常生活に支障がない

・年間10〜30％が認知症に進行する

・MCI（軽度認知障害）から、正常な状態に回復する人もいる

　※適切な医療・介護の提供が必要となります。

　もしご家族に、同じものばかり買ってきたり通帳や大切な書類をなくしたりするなど普段と違う様子が見られたら、できるだけ早く医療機関を受診しましょう。適切な医療の提供を受けることにより、認知機能が正常な状態に回復する可能性があります（MCIと診断された方のうち、5年後に38.5％が正常化したという報告もあります）。認知症は、早期発見・治療がカギです。

認知症の特徴を知ることで少し楽になれる

　認知症は、歳をとれば誰にでも起こりうるものです。いわゆる「問題行動」は、認知症が原因で行動・心理症状が発症していると理解することが大切です。

　また、認知症の人が落ち着いて過ごせる生活環境を作るためには、家族だけでなく介護のプロと連携し一緒に対応していくことも必要です。できる限りの情報を医師や看護師、ケアマネージャー、介護士など、認知症介護のプロに伝え、適切なケアのアドバイスを受けましょう。

介護破産する高齢者たち

ケアマネジャーから相談されるケース

　ある日、訪問介護（ヘルパー）事業所に、なじみの女性ケアマネジャーから1本の電話が入りました。「すみませ〜ん……ちょっと大変な方なんですけれど、サービスに入っていただきたい方がいるんです。週1〜2回でいいのですが、入れますか？」というお願いの電話です。

　ケアマネジャーが申し訳なさそうに依頼をしてくる場合、ヘルパーとの間で問題を起こしている人か、金銭トラブルがあることがほとんど。とはいえ、介護サービスを必要としているお客様であることには変わりないので、「いいですよ。どんな方ですか？」と、訪問介護事業所の管理者は仕事を受けることにしました。

昔の「羽振りのいい生活」をやめられない81歳男性Aさん

　都内在住のAさん（81歳男性）は要支援2。妻と子がいましたが、20年以上前に離婚し、今は一人暮らしをしています。木造2階建てでエレベーターのない古いアパートに住んでおり、まだご自身で階段を下りて買い物や飲食へ出かけることはできているものの、足腰が弱くなり、重い洗剤やお米を持って階段を上がることができなくなってきたことをきっかけに、要介護申請を行いました。

　新規契約のため、訪問介護事業者の管理者がAさん宅を訪問すると、数十年洗っていないであろう湿った絨毯の上に汚れた衣服がたくさん積まれ、その衣服や布団が放つ皮脂の臭いが漂い、Aさんの「非衛生的」な生活が垣間見えました。台所の床には、食べ終わったあとの食料の袋

やトレーなどが雑然と転がり、そこを素足でペタペタ歩くAさんがいました。

70代前半まで自営業で冷凍庫のトラック運送の仕事をしていたAさんは、800万円かけて購入したトラックが自慢で、景気が良い頃は毎月100万円以上の売上があったそうです。「金は余るほど持ってるんだ」が、Aさんの口癖でした。

しかし現実は、毎月7万円の年金収入があるだけ。預貯金もなく、もう3カ月も家賃を滞納しており「あと1カ月滞納したら退去してください」と不動産会社から通知を受けていました。それなのに、昼食は毎日近所の小料理屋へ出向き、2,500円もの定食を食べているというので、ケアマネジャーもあきれてしまいました。同時に、何らかの支援が必要な人だと判断し、自治体へ連絡しました。

認知症による判断力の低下に、市の職員が介入

Aさんは金銭管理ができないだけでなく、重要な書類の保管ができず、約束の日時を忘れる、部屋の片付けなどができないなどいくつかの「認知症状」がありました。

認知症になると、判断力の低下から収入に見合わない浪費をしてしまったり、年金支給と同時に全部使い切ってしまったり、支払いを後回しにする、買いたいものを我慢できなくなる人もいます。収入がないのに生活レベルを変えられず、テレビショッピングなどで高価な買い物をして預金が底をついてしまう高齢者がいるのは、こうした判断力の低下からくるものも多いのです。

今の収入だけでは生活がままならないAさんは、自治体の介入により生活保護の受給者となりました。また金銭管理ができないことから家賃、その他公共料金の支払いを自治体が代行し、残金を生活費として支給されることになりました。

Aさんの場合は、仕事を辞めて年金暮らしになったものの、身体の衰えと同時に認知症状を発症、自身で金銭管理ができなくなったことによる「介護破産」と言えます。今は独居の高齢者も多く、こうしたケースが多く見られるようになりました。

▶援助のポイント・対処方法
早めに地域包括支援センターへ連絡・相談を

　認知症になった場合、金銭管理をしてくれる家族がいるかどうかも重要になりますが、Aさんの場合は元妻やお子さんとは音信不通。こうしたケースは自力で公的援助を求めることが難しいため、周囲が地域包括支援センターへ連絡・相談をするしか方法がないと言えます。

　もしAさんの変化を察知した友人知人からの相談や、地域包括支援センターの介入があれば、**「日常生活自立支援事業」**を受けることができました。日常生活自立支援事業とは、お金の使い方や支払い、書類の書き方などで困っている人が使えるサービスです（詳しくは135ページをご覧ください）。

▶『日常生活自立支援事業』で受けられるサービス
・家賃や公共料金の支払い方についてのサポート
・役所から来た書類についての説明
・次の年金が入るまでの生活についてアドバイス
・自分で管理できない通帳や印鑑などの保管
　※その他、困ったことがあれば相談に乗ってくれます。

▶相談する窓口
・お住まいの地域の社会福祉協議会
・相談は無料。サービスは有料
・契約後は社会福祉協議会の「生活支援員」がサポートを行う

事例 2

顔も見たくない！
自宅を全焼させた
認知症の母が憎い

一人暮らしで来客がほとんどない87歳女性Nさん

千葉県で一人、年金暮らしをするNさん（87歳女性）は、10年前に夫が他界。買い物には多少不自由があるものの、要介護申請はしておらず、なんとか日常生活を送っていました。今は、年に数回遊びにくる3人の子どもたちと孫以外の来客はほとんどありません。年齢の割に元気で頭もしっかりしていたNさんでしたが、年末に3人の子どもたちが集まったとき、「いつまでも元気でいてくれるといいけど、お袋ももう87歳。これからいつ介護状態になってもおかしくないよな」と子ども達が心配していた矢先のことでした。

初めてのボヤ騒ぎで気づいた母親の変化

年が明け、母親であるNさんの知人から長男に1本の電話がありました。「お母さんが火事を起こしたから、早く帰ってあげて」という連絡。驚いた長男が他の兄弟にも状況を伝え、急いで実家へ車を走らせると、長男の顔を見たNさんからこう言われました。

「お鍋の火をつけたまま、買い物へ行っちゃったみたい。今までは、火が上がることはなかったのに……」

母親からこれが初めてではないことも明かされました。

幸い燃えたのは台所の壁の一部。長男はその日実家に泊まり、母親のNさんと過ごしました。夜になり喉が渇いてふと冷蔵庫を開けると、「こんなに誰が食べるの？」というほど大量の食材が入っているのを発

見。しかも同じものばかり。大根4本、モヤシ8袋、ヨーグルト24個、3玉入りのうどん5袋、玉子3パック……。冷凍と冷蔵の区別もわからなくなっているようで、冷凍用のうどんが冷蔵に入っていて消費期限が切れ、黄色く変色していました。長男は母親に起きている「変化」を感じました。

MCI（軽度認知障害）のサインか、加齢によるものか？

翌日、母親のNさんがあまりにも平謝りするので、長男も「わかったよ。でも本当に火の不始末だけは気をつけてくれよ」と言って帰宅。ただ、母親に変化があったことを深刻に受け止め、これからについて兄弟と話し合わなくてはならないと思っていました。

認知症のサインとして、慣れているはずの仕事や家事の段取りが悪くなる、時間がかかる、同じものを何度も買ってしまう、数分あるいは数時間前の出来事を忘れるということがあります。

しかしNさんの場合、ご本人に物忘れの自覚があることや、注意力の低下に関しても年齢なりと言えなくもないと長男が思ってしまったことで、対応が後回しになってしまったのでした。

実家は全焼、母親は介護施設へ。二重の支払いに苦しむ

その翌月の2月、Nさんは家を全焼させる火事を起こしました。Nさんは火を消そうとして顔や腕に火傷を負い、入院。火は近所にまで燃え移り、延焼させられた隣家の住人は、子どもたちがNさんの監督義務を怠ったとして損害賠償を求めてきたのです。

幸い、子どもたちに賠償責任はないと認められたものの、火災保険に加入していなかった実家の片付けにかかる費用約300万円、母親Nさんの入院費や隣家へのお詫びにかかる費用はすべて子どもたちが負担する

ことに。また住むところを失い、認知症状のあるNさんの一人暮らしは不可能であるとして、地方の特別養護老人ホームへ入所することも決まりました。

　母親の火の不始末で、300万円の費用と毎月の老人ホーム費用17万円が3人の子どもたちの肩に重くのしかかりました。生活も一変、本業に加えてアルバイトをするようになった兄弟も。金策に追われる日々に、母親を恨む気持ちにもなったと言います。

　しかし末っ子の長女だけは時々老人ホームに「お母さん、元気?」と会いに行くのだそうです。当のNさんは、なぜ自分が老人ホームにいるのかもわからず、「いつ帰れるの?」と尋ねます。そんなとき長女は「お家の修理が終わったらね」と明るく答えているそうです。

▶援助のポイント・対処方法

　87歳とご高齢のNさん、要介護申請をしていなくても市区町村が提供できることはたくさんありました。ポイントは、まだ早い……ではなく「元気なうちに介護サービスに介入してもらう」ことです。

①地域包括支援センターが行う「相談」「介護予防体操」「コミュニティ」への参加。子どもたち以外との交流がないNさんも、認知症予防のために地域住人との交流で日々を活性化させ、メリハリをつけることができます。

②地域包括支援センターでは、日常の困りごとの相談も行うため、火の消し忘れには「IHコンロ」や「消し忘れ防止機能付きコンロ」への変更などのアドバイスができます。また、要介護申請の代行を行い、買い物支援(同じものを買ってきてしまう)などの介護サービスが介入できるようなサポート制度もできます。

別居していると、親が普段どんな暮らしをしているか見えないことから「まだ大丈夫」「困っていることはなさそうだ」と思ってしまうのは無理もありません。しかし、小さな変化は離れているからこそわかるもの。実家に帰った際に何かしらの変化を感じたら、早急にお住まいの地域包括支援センターへサポートを依頼しましょう。

NOTE

事例 3 年金未加入、預金ゼロの親に「同居は当たり前」と言われ限界に

34歳主婦Fさんの充実していた新婚生活が一転

神奈川県在住の主婦Fさん（34歳女性）は2年前に結婚。長男も生まれ、充実した毎日を送っていました。そして「そろそろマイホームも考えたい」と言う夫の一言で、新築の戸建ても探し始めました。ほどなく気に入った物件が見つかり、35年ローンを組んで購入しました。

新築の我が家を披露するため、夫の両親を招待して新居で一緒に食事をしているとき、和室を見たFさんの義母が「部屋がちょっと狭いわね」と言いました。Fさん夫婦は最初その言葉の意味がわからず「そうですか？」と答えましたが、やがて話は核心に迫ります。義母からこんなセリフが飛び出したのです。

「私たちは老後、あなたたちの家で同居することになるでしょう？ 私たちの部屋になるのはこの和室よね？ 夫婦で過ごすには狭いかなと思って……」。これには、Fさんだけでなく夫も驚いた様子でした。

さらに「昔からみんな親の面倒を見てきたわけでしょう？ 私もそうだったわ。だから私たちが夫婦だけで暮らせなくなったら、そのときはよろしく頼みます」と、若夫婦の新築祝いの席であるにもかかわらず「自分たちの介護」の話を取りつけてきたのです。

この突然降ってわいた両親の介護の話によって、Fさん夫婦はこの後大いに揉めることになりました。

納得できない！ 親の介護や同居は当たり前なの？

お祝いムードも崩れ、一気に現実に引き戻されたＦさん夫婦。「介護や同居が当たり前」のように言われてしまうことには納得がいきませんでした。ここで、扶養義務に関する法律について少し触れておきます。

▶援助のポイント・対処方法

親の扶養義務に「生まれた順番」は関係ない

介護においては**民法上、直系血族及び兄弟姉妹は互いに扶養する義務があると定められています**（民法第877条１項）。ここで言う「直系血族」とは、父母・祖父母・子ども・孫などの親子関係でつながる系統のことを指します。

子どもは同等に親を扶養する義務があると定められていますが、**生まれた順番は関係なく、**また、**同居や身体的介護は義務ではありません。**

まだ子育てをしている方もいれば、夫婦共働きで夜まで家に帰れないという方もいます。最初から介護の環境が整っている人は、基本的にほとんどいないでしょう。

経済的支援（義務）

扶養義務とは、経済的支援のことです。経済的支援の程度は収入に応じた生活ができる範囲と考えられているため、できる範囲で良いのです。

例えばＦさんのケースでは、同居ではなく両親に近くのアパートへ引っ越してもらい、今後の介護の分担については、Ｆさんには幸いご兄弟がいるため、兄弟で話し合うのが良いのではないかと思います。その際、お互いの忙しさや大変さばかりを主張し合っても話が進みませんので、第三者を入れた話し合いの場を持つことをお勧めします。

事例 4

年金も預金もないのに 生活レベルを変えなかった 80代女性の言い分

裕福なセレブ？ 82歳女性のMさん

千葉県在住のMさん（82歳女性）は要介護2。ご主人を3年前に亡くしてからは、自宅で引きこもり気味の生活を送っていました。そのせいで足腰が弱り、ついに一人で買い物へ行くことができなくなりました。

そんなMさんのところには週3回ほどヘルパーが買い物の支援に入っていますが、Mさんが書いたメモを見ながら食品を買ってきても、なかなかお気に召してくれません。「このちくわって美味しくないんだよね。総菜も美味しくない。高くてもいいから、もっと美味しいのを買ってきてちょうだい」などと言っては、「これ、捨てちゃうけど持ってく？」とヘルパーが買ってきた食品を渡そうとすることもありました。

そのためケアマネジャーもヘルパーも、「Mさんは裕福なセレブに違いない」という認識でいたのです。

Mさんに家賃の督促状が届いた

ところがある日、Mさんの自宅に「家賃が引き落しできなかった」と、家賃1カ月分の請求書（振込用紙）が届いたのです。ヘルパーは封筒を見て、「家賃が引き落しできなかったというお知らせみたいです」とMさんに伝えました。当のMさんは「そんなはずないわよ」と言っていましたが、ヘルパーから促されて通帳の残高を見てみると、「あ、ホントだ」と一言。

なぜ? あてにしていた遺族年金が「わずか月2万円」

　Mさんが生活レベルを変えずに羽振りのいい生活をしていたのは、「夫の遺族年金が月15～16万円入っている」と勘違いしていたためでした。しかし、実際の受給額はわずか月2万円。夫の遺族年金をあてにする妻は多いですが、**遺族年金は老齢基礎年金（国民年金）の支給はなく、もらえるのは「老齢厚生年金」部分の4分の3だけなのです。**

　また、遺族厚生年金では、自身の老齢厚生年金の額を差し引いた残りの差額分を受け取ることになります。つまり、ご自身の老齢厚生年金が65万円、遺族厚生年金が90万円なら「90万円−65万円＝25万円」が遺族厚生年金として受け取れる金額なのです。月に換算すると約2万円となるのは、こうした理由です。

　遺族年金の仕組みを知らず、夫が受給していた年金総額の4分の3をもらえると思い込んでいる方は多いようです。

　Mさんは「主人は2カ月ごとに35万円ももらっていたのよ。こんなに遺族年金が少ないなんて思いもしなかったわ」と言い訳。しかしようやく、節約して暮らさなくてはならないことを自覚しました。

▶援助のポイント・対処方法
　遺族年金を請求する際には必ず金額の確認を

　遺族年金受給の申請の際、Mさんは「金額は通知を見ればわかる」と思い、受給額の確認をせず3年も経過してしまいました。

　援助のポイントは、視力が低下している高齢者に代わって、ご家族や介護事業者が郵便物を開封するよう促すことです。面倒でも中身を確認してもらいましょう。

事例 5 息子に財布を握られて病院にも行けない老夫婦を救うために

夫婦共に要介護認定を受けている老老介護のEさん夫妻

　都内在住のEさん夫妻（夫81歳、妻76歳）には男女1人ずつ、2人の子どもがいます。今はそれぞれ所帯を持ち家を出ているので、夫婦2人暮らしです。夫婦共に要介護認定を受けており、夫は要支援2、妻は要介護1で認知症があります。妻はまだ76歳で体は元気なものの、数時間前のことは覚えていない、外出したら帰れない、同じ話を繰り返すなどの症状があり、彼女を81歳の夫がサポートするという「老老介護」の世帯です。夫は辛抱強く妻を見守り、近所のデイサービスにも仲良く一緒に通う姿も目撃されていました。

「通院したい」という親の意向、長男は認めず

　そんなある日、夫婦でデイサービスに行った際に、夫が職員にこんなことを相談しました。

「本当は妻を病院に連れて行きたいんだけど、前に外で転んだことがあったから、今後は2人だけで外出するなと長男に言われているんだ。でも長男も忙しくてなかなか病院に付き添えないみたいだから、お宅のデイサービスの車で病院に連れて行ってもらえないかな？」

　また、妻には糖尿病があり、放置したことで最近ますます視力が低下したようだと夫は心配していました。妻があまりにも「見えない、見えない」と口にするので、夫は市販の目薬を使わせていました。このまま放置しては危険な状況だと判断した介護職員は、すぐにケアマネジャー

へ連絡しました。

　この話を聞いたケアマネジャーは、すぐに通院介助が受けられるよう話を進めてくれたのですが、その話を聞きつけた長男が「両親に病院へ行くお金はありません。介護サービスも、勝手に増やされても困るので待ってください」と言ってきたのです。

定期預金や保険を解約すればお金はあるはず。ところが……

　困ったケアマネジャーは、Eさん夫妻に確認しました。「長男さんが、病院に行くお金も追加の介護サービスのお金もないとおっしゃっていますが、実際はどうですか？」。すると夫は「いや、1年前に俺の保険200万円を解約しておいてほしいと長男に頼んだから、お金はあるはずだよ」と答えました。そして「お金のことは長男に任せているから」とも言ったのです。

　これを聞いたケアマネジャーは、両親にお金があるにもかかわらず通院させない、介護サービスを利用させないという長男の行為は、高齢者虐待の一つである「金銭的虐待」に該当するかもしれないと考えました。

　そしてこの件についてチームで話し合った方が良いと思い、ケアマネジャーは地域包括支援センターへ連絡。Eさん夫婦と長男長女を交え、話し合いの場を持つことにしました。ところが話し合いに出席する予定だった長男は、直前で「仕事がある」と欠席。仕方なく、当日はキーパーソンの長男抜きで話し合いが始まりました。

ギャンブル好きな長男による「経済的虐待」と判明

　話し合いの場に出席した長女によると、両親は持ち家で年金も月20万円近く受け取っているため、生活には困らないはず。またある程度貯えもあり、病院にも行けないということはないはずとのこと。

ケアマネジャーは長女から長男へ連絡を取ってもらい、Eさんの保険の解約の件はどうなっているのか問いただしました。しかし、両親が1年以上前に解約を依頼したにもかかわらず、「仕事が忙しいから、まだ解約はできていない」の一点ばり。

そして何度か長女とやりとりをするうち、何かやましいことでもあるかのようにメッセージが一切既読にならなくなったというのです。

その後は区が介入。長男のことを調べたところ、長男による両親の預金の使い込みが判明。自分の生活費やギャンブルなどに使っていたことがわかりました。

▶援助のポイント・対処方法
「経済的虐待」は珍しいことではない

高齢者虐待の中でも1位の「身体的虐待」に次いで多いのが「経済的虐待」です。お金のことは介護事業者も把握することは難しく、公共料金や介護サービス利用料が滞って初めて「お金がない」ことがわかったりします。

今回はキーパーソンとなった長男が親の金銭管理を代行していましたが、そもそも「ギャンブル好き」なのに、なぜ金銭管理を任せたのか？という適正の見極め方も気になるところです。とはいえ、「親のことは長男がやるもの」というE夫妻の考え方もあったのかもしれません。

兄弟の一人が親の金銭管理をするのであれば、毎月通帳の記帳ページを全員で共有する、親に見せるなどのルールを最初に作っておくべきでしょう。

「日常生活自立支援事業」の利用を

子が親の金銭管理を行うことが一般的ではありますが、子どもがいない世帯もありますし、遠く離れた場所に住む子どもに金銭管理を任せるのは現実問題難しいでしょう。そんなときは、社会福祉協議会が行う

「日常生活自立支援事業」を利用し、お金の入出金や保管までお願いすることができます。相談は無料です（詳しくは135ページをご覧ください）。

お金のことで家族が揉めないために

　今回のケースのように、親のお金を管理する子がギャンブル好きだったり、借金がある場合は親のお金を使い込んでしまう可能性も考えられます。子の適性を見極め、必要ならばこうした支援事業を利用すると良いでしょう。

　一方、真面目に親のお金を管理しているのに、兄弟からお金の使い道を疑われてしまうケースもあります。「どうせわからないからって、少し多めに引き出しているんじゃないか？」とか、「内緒で小遣いをもらってるんじゃないか？」などと、心ないことを言われてしまうこともあるようなのです。

　個人的には、仮に介護をしてくれる子どもに親が小遣いをあげたとしても、それはそんなに悪いことではないと思います。それよりも、金銭感覚に問題がない親のお金の使い方に子どもが干渉してくるのは、親のお金を「自分のお金」とどこかで思っているのでしょう。良いことではありません。

　とはいえ、大切な親子間・兄弟間だからこそ、お金のことで揉めるのは避けたいですね。こんなときは第三者を入れることで解決できる場合も多いため、ぜひ日常生活自立支援事業などのサービスを活用し、無用なトラブルを避けましょう。

事例6 妻から「あなたのせいで何もできない！」とののしられた果てに

要介護3のNさんはなぜ生活苦に陥った？

　要介護3のNさん（77歳男性）は、79歳の妻と都内で2人暮らしをしています。サラリーマンだったNさんは、若い頃からお酒と人づき合いが好きでした。飲み代や、人から誘われれば競馬やマージャンなどにお金を使い、奥様に渡す家計費はいつもギリギリで苦労をかけたそう。

　そんなNさんも定年を迎え、年金生活に。飲み歩くこともなくなり、「ようやく夫も落ち着いてくれた」と妻が安堵したのもつかの間、突然Nさんは脳梗塞で倒れて救急搬送されてしまったのです。

　幸い命に別状はなかったものの、左半身麻痺と重い障がいが残り要介護4に。リハビリを行いましたが、自宅では何度も転倒を繰り返しました。一方、年金暮らしの家計は、利用限度額いっぱいに介護サービスを利用するため苦しくなるばかり。加えて糖尿病持ちのNさんは、定期的な通院も欠かせません。

　それまでは穏やかだった夫婦関係も、金銭的な不安から徐々に笑顔が消え、次第にケンカが絶えなくなりました。しかし妻の介護なしには生きられないNさんは言いたいことも言えず、ぐっと我慢する日々が続いていました。そんなある日、とうとう妻が限界を迎える瞬間がやってきます。「あなたのせいで何もできない！　私だって、あなたみたいに飲みに行ったり遊びに行ったりしたかったわよ！」とNさんを責めたのです。

　これを聞いたNさんは、「俺はもうデイサービスも病院も行かない。お前の好きにしたらいい」と言って、本当にデイサービスも通院もやめてしまったのです。Nさん夫婦を心配したケアマネジャーが自宅を訪問

しても、「自宅で過ごすからいい」の一点張り。その後も電話で様子を
うかがっていましたが、Nさんは数カ月後に亡くなりました。生活苦と
介護放棄によるものと思われます。

▶援助のポイント・対処方法
知識があれば申請できる手当てもある

入院をきっかけに要介護4の在宅介護になったNさんは、実は2つの
手当を申請することができました。一つは、お住まいの**市区町村によ
る「介護手当」月額1万5,000円**。60歳以上の非課税世帯で要介護4以
上の在宅介護が対象でした（※江戸川区の場合）。

もう一つ、**「特別障害者手当」月額2万7,980円**（※令和5年4月〜）
の受給要件も満たしていたと思われます。所得判定と医師の診断書が必
要になりますが、要介護4以上から支給対象になるケースが多いです。

通院にかかる医療費は、非課税世帯の場合自己負担の限度額は8,000
円です。もし窓口でそれ以上に支払いをしていたとしたら、**「高額療養
費」の支給申請を行うことで医療費が返ってきた可能性があります**。

要介護4の介護サービス利用料は月約3万円、通院は月8,000円が支払
いの上限です。**Nさんの家計を圧迫していた介護費・医療費合計3万
8,000円は、2つの手当（合計4万2,000円）でカバーすることができ
たかもしれません。**

また奥様の変化として、夫に対する言葉が「きつくなる」「責める」
「攻撃的」になったことがありました。これは、介護の限界を超えたと
いうサイン。速やかに専門職が介入し、「権利擁護」という視点で動く
ことで、救うことができたケースかもしれません。

1人で抱えないで。
いざというときはここへ電話を

介護をする前に「知っておいてほしい」こと

　介護者になる前に知っておいていただきたいことがあります。それは、「介護が始まっても自分の生活パターンを変えないことが大事」ということです。意外でしょうか？ いいえ、これは自戒も込めて申し上げています。

　短期戦の「看取り」とは違い、介護は何年かかるか誰にもわからない先の長いレースなのです。

「最近、自分の時間をまったく持てていない」「介護に疲れてしまった」「いつまで介護が続くのだろう？」という感情が起きたら、**介護のプロに相談するべきタイミングです。1人で悩まず、介護の悩みやストレスについても相談してください。**早めの対応が自分の健康やメンタルを保ち、結果的に介護される人の在宅生活も穏やかなものになります。

介護の悩み

①**お住まいの地域包括支援センター**
②**認知症110番**　0120-654874
③**公益社団法人 認知症の人と家族の会**　0120-294-456
　https://www.alzheimer.or.jp/
④**医療機関の相談室、地域連携室**など
⑤**居宅介護支援事業所**

介護・医療・生活の相談

①お住まいの市区町村の介護保険課

②高齢者総合相談センター（シルバー110番）

仕事や育児と介護の両立

①女性の活躍・両立支援総合サイト

https://positive-ryouritsu.mhlw.go.jp/

②介護離職ゼロ　ポータルサイト

https://www.mhlw.go.jp/stf/seisakunitsuite/bunya/0000112622.html

③ハローワーク

介護休業給付について（介護休業給付の受給要件、申請方法など）

④介護休業制度に関するパンフレット

厚生労働省ホームページ：パンフレット内「育児・介護休業法」

https://www.mhlw.go.jp/bunya/koyoukintou/pamphlet/

⑤介護休業給付金に関するリーフレット

厚生労働省ホームページ：「雇用継続給付について」内「介護休業給付についてのリーフレット」

https://www.mhlw.go.jp/stf/seisakunitsuite/bunya/0000135090.html

介護の情報

①介護サービス情報公表システム（厚生労働省）

https://www.kaigokensaku.mhlw.go.jp/

②福祉・保健・医療の総合サイト「WAM NET」

https://www.wam.go.jp/content/wamnet/pcpub/top/

第2章

\まずはキホンを押さえる！/

介護保険制度で
できること

基本的な介護の仕組み

介護保険を
徹底的に使いこなそう!

知っておきたい介護保険制度の仕組み

　介護保険制度とは、高齢者の「介護」を社会全体で支える仕組みです。私たちは、40歳になると自動的に介護保険の「被保険者」になり、介護保険料を納めるようになります。そして65歳以上になったとき、介護が必要な状態と認められれば介護サービスを受けることができます。

　ご自身あるいはご家族に介護が必要な状態になったら、お住まいの市区町村か地域包括支援センターへ申請しましょう。

介護保険の加入者は2種類

	65歳以上の方 （第1号被保険者）	40歳から64歳の方 （第2号被保険者）
保険料の徴収方法	65歳になった月から、原則年金からの天引き	40歳になった月から、医療保険と一体的に徴収 ※65歳になるときに第1号被保険者に切り替わる
受給要件	原因を問わず要介護認定または要支援認定を受けたとき、介護サービスを受けることができる	加齢に伴う疾病（※特定疾病）が原因で要介護認定または要支援認定を受けたとき、介護サービスを受けることができる
受給期間	要介護状態または要支援状態と認定されている期間	

※特定疾病とは	1. がん（末期）	2. 関節リウマチ
	3. 筋萎縮性側索硬化症（ALS）	4. 後縦靭帯骨化症
	5. 骨折を伴う骨粗鬆症	6. 初老期における認知症
	7. 進行性核上性麻痺、大脳皮質基底核変性症及びパーキンソン病	
	8. 脊髄小脳変性症	9. 脊柱管狭窄症
	10. 早老症	11. 多系統萎縮症
	12. 糖尿病性神経障害、糖尿病性腎症及び糖尿病性網膜症	
	13. 脳血管疾患	14. 閉塞性動脈硬化症
	15. 慢性閉塞性肺疾患	
	16. 両側の膝関節または股関節に著しい変形を伴う変形性関節症	

▶申請に必要なもの

・介護保険被保険者証（40歳～64歳の方は医療保険者の被保険者証）

・マイナンバーカードまたは通知カード

・印鑑や本人確認資料など　※市区町村にご確認ください。

要介護認定等基準時間

　要介護度は、認定調査結果で算出された**介護にかかる1日の手間（所要時間）**によって決まります。

要介護状態区分等と要介護認定等基準時間

要支援1	要介護認定等基準時間が25分以上32分未満 またはこれに相当すると認められる状態
要支援2	要介護認定等基準時間が32分以上50分未満 またはこれに相当すると認められる状態
要介護1	
要介護2	要介護認定等基準時間が50分以上70分未満 またはこれに相当すると認められる状態
要介護3	要介護認定等基準時間が70分以上90分未満 またはこれに相当すると認められる状態
要介護4	要介護認定等基準時間が90分以上110分未満 またはこれに相当すると認められる状態
要介護5	要介護認定等基準時間が110分以上 またはこれに相当すると認められる状態

（参考）厚生労働省

要介護(支援)状態は7段階

　要介護認定は、介護にかかる手間を時間で表すものさしです。また、要支援や要介護状態の7段階は、おおむね次のようになります。この段階によって、ひと月に受けられる介護保険サービスの内容や時間が決まっています。

要介護度別の状態

要支援1	基本的な動作はほぼ自立だが、入浴や買い物などに見守りや一部介助が必要な状態
要支援2	要支援1の状態に加え、歩行や移動などに見守りや一部介助が必要な状態
要介護1	立ち上がりや歩行が不安定で、排泄や入浴など日常生活動作に見守りや一部介助が必要な状態
要介護2	要介護1の状態に加え、歩行や移動に何らかの介助と日常生活動作全般に一部介助が必要な状態
要介護3	歩行や日常生活動作全般に何らかの介助が必要な状態、また理解の低下が見られることがある
要介護4	歩行や日常生活全般においてほぼ全介助が必要な状態
要介護5	寝たきり、日常生活全般において24時間全介助が必要な状態。全般的な理解の低下が見られることがある

※表に示した「状態」はあくまで目安です。要介護認定の判定では、全ての状態が要介護度と一致するわけではありません

02

介護度別の料金とは？

介護サービス利用の流れと
気になる料金

サービス利用前に「要介護認定」の申請を

　介護サービスが必要になったら、まずお住まいの市区町村か地域包括支援センターへ要介護認定の申請を行います。流れは以下となります。

要介護 （要支援） 認定の申請	市区町村の窓口あるいは地域包括支援センターへ申請
要介護 認定調査	①認定調査員による心身状況の調査（自宅や入院先などを訪問） ②かかりつけ医による意見書の作成 ※要介護の判定を行うには①②の実施が必要です
判定	要介護認定調査の結果から、一次判定（コンピューター）を行います。次に保険・福祉・医療の学識経験者による二次判定「介護認定審査会」が行われます
認定結果の 通知	市区町村より原則30日以内に認定結果が通知されます。要支援1～2あるいは要介護1～5、認定されなかった場合は非該当となります。 非該当となった方も、地域包括支援センターで実施している「基本チェックリスト」で生活機能の低下が認められれば「事業対象者」として介護予防・生活支援サービスを受けることができます
ケアプランの 作成	ケアマネジャーにケアプランの作成を依頼して介護サービスの利用を開始することができます

（参考）厚生労働省

介護サービスには「区分支給限度基準額（利用限度額）」があります。介護度によって、次のように月の限度額が決まっています。この単位を超えて介護サービスを利用した場合、超過した部分は全額自費になります。

居宅サービス等区分支給限度基準額（利用限度額）

要介護度	居宅サービス等の 月額の支給限度額（単位）	利用者負担額 （1割負担の場合）
要支援1	5万320円（5,032単位）	5,032円
要支援2	10万5,310円（10,531単位）	1万531円
要介護1	16万7,650円（16,765単位）	1万6,765円
要介護2	19万7,050円（19,705単位）	1万9,705円
要介護3	27万480円（27,048単位）	2万7,048円
要介護4	30万9,380円（30,938単位）	3万938円
要介護5	36万2,170円（36,217単位）	3万6,217円

※表は1単位10円の場合。地域区分単価によって限度額は異なります。

介護保険負担割合証の交付

要介護認定を受けると、認定結果通知書と一緒に介護保険負担割合証が郵送されてきます。介護保険負担割合証には、ご自身の所得や家族構成に応じた自己負担割合が記載されています。

介護サービスを受ける際は、サービス事業者に「介護保険被保険者証」と「介護保険負担割合証」を提出してください。

利用者負担割合の判定の流れ

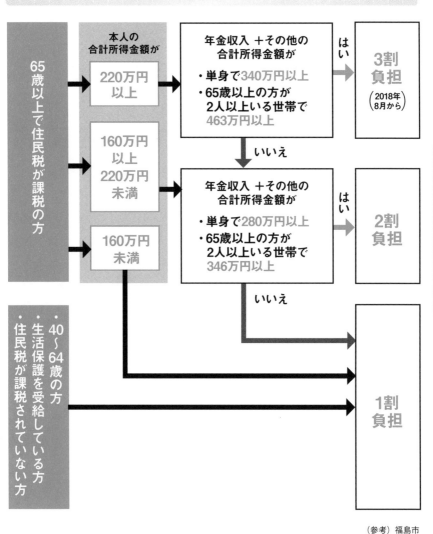

65歳以上で住民税が課税の方

本人の合計所得金額が

220万円以上

160万円以上 220万円未満

160万円未満

・40〜64歳の方
・生活保護を受給している方
・住民税が課税されていない方

年金収入 ＋その他の合計所得金額が
・単身で340万円以上
・65歳以上の方が2人以上いる世帯で463万円以上

はい → **3割負担**（2018年8月から）

いいえ

年金収入 ＋その他の合計所得金額が
・単身で280万円以上
・65歳以上の方が2人以上いる世帯で346万円以上

はい → **2割負担**

いいえ

1割負担

（参考）福島市

介護の相談はまずここへ

知って得する
「地域包括支援センター活用術」

地域包括支援センターは「高齢者の総合相談窓口」

　地域包括支援センターは、高齢になった地域の方々が健康で安心して暮らせるよう、介護だけでなく保健・医療・福祉の面から総合的に支援を行います。お困りの内容に応じて、介護サービスの説明や事業者の紹介など、専門性を活かした具体的な解決策の提案をしてくれます。また、必要があれば「要介護（要支援）認定」の申請を代行してくれるなど、高齢者や家族介護者の頼れる窓口です。相談や支援は無料です。

　以下の3職種から構成されたチームアプローチにより、高齢者や介護者家族に必要な援助を行います。

▶在籍する専門職

・保健師

・社会福祉士

・主任ケアマネジャー

　地域包括支援センターでは、高齢者や家族介護者の介護生活のことだけでなく、仕事との両立の悩みなどにも幅広く対応しています。市区町村のホームページなどで、お住まいの地域の地域包括支援センターをご確認ください。市区町村に一つ以上設置されています（※地域によって名称が異なることがあります）。

地域包括支援センターの「4つの役割」

総合相談支援業務

介護や福祉、医療、健康、認知症のことなど、さまざまな相談ができます。相談の内容に応じ、体操や健康教室などの紹介、介護の負担に関する相談や成年後見制度についてアドバイスしてくれます。

こんなことはありませんか？

・足腰が弱くなり、短い距離しか歩けなくなった

・物忘れがひどくなり、お金の管理が不安

・介護のストレスでつい感情的になってしまう

権利擁護業務

高齢者虐待の防止や対応、早期発見に向けた取り組みを行っています。また、消費者被害等の防止を行います。

こんなことはありませんか？

・高齢者の服が汚れていたり異臭がする

・介護が必要なのに介護サービスを受けている様子がない

・介護疲れやストレスがある、1人で介護を抱え込んでいる

・「訪問販売の人が来て、買うまで帰らず困っている」と高齢者が訴える

包括的・継続的ケアマネジメント支援

地域のケアマネジャーへの支援や、高齢者が住みやすい地域を作れるよう活動を行っています。

こんなことができます

・質の高いサービス提供のため、地域のケアマネジャーへ支援・指導

・地域ケア会議を開催し、町会や民生委員、医療や介護関係者などの専門職と地域課題の話し合いと検討を行う

介護予防ケアマネジメント業務

高齢者が地域で自立した生活を送ることができるよう、ケアプラン作成などを通じて介護予防の支援をします。

こんなことができます

・要支援1・2の認定を受けた方のケアプランを作成

・基本チェックリストの実施と、生活機能に低下が見られた方のケアプランを作成

・介護予防のための体操教室などを開催

（参考）船橋市パンフレット「地域包括支援センターまたは在宅介護支援センターへご相談ください！」

04

重要なカギを握るのはここ！

超重要な要介護認定を
乗りきるポイント

要介護認定で7つの段階に分けられる

　要介護認定は、対象者の要介護状態がどの程度か判定を行う審査です。介護サービスは「要介護認定」、つまり要介護状態であるという判定を受けることで利用でき、市区町村に設置された「介護認定審査会」の判定基準は全国一律です。

　要介護認定では、要支援1～2から要介護1～5までの7段階に分けられます。要介護状態の目安は52ページの表をご参照ください。

介護認定審査会委員が教える！ 判定のポイント

「必要な介護区分を判定してもらうにはどうしたら良いですか？」と聞かれたとき、筆者は「普段の介助を、具体的な事例を添えて伝えることです」とお答えしています。ご本人は、普段できていないことも羞恥心から「できる」とつい答えてしまうことがあるため、要介護認定の日はご家族ができる限り同席することをお勧めします。

　要介護認定のポイントは、具体的に介護にかかる手間の回数（数字）や頻度を伝えきることです。

正しい判定を受けるためには「介護者の同席」が大切

認定調査員の訪問時

認定調査員へ、できなくて困っていることをしっかり伝えましょう。**身体状況も含めたエピソードを具体的に伝えるのがポイントです。**

(例)「1人で歩けます」

「歩き始めにふらつくことが多く、室内も見守りしています」

(例)「1人でトイレへ行けます」

「間に合わず失敗することがあります。週に2～3回、家族がトイレの後片づけと掃除をしています」

主治医意見書を もらう診察時	原則、かかりつけ医の診察を受けます。その際、介護をする上で困っていること、排せつや認知症など、**本人の前で言いづらいことがあればメモで渡すなど、伝えもれのないように工夫しましょう**（※かかりつけの医師がいない方は、市区町村の指定医による診察を受けることになります）。

「不服申し立て（審査請求）」とは

　ご自身の希望していた介護度が判定されなかったとき、見込みより低く判定された場合の救済制度として、**不服申し立て（審査請求）**があります。窓口は市区町村の介護保険課です。申請期間は通知を受け取った日の翌日から起算して3カ月以内です（※詳しくはお住まいの市区町村にお問い合わせください）。

①不服申し立てをしたとしても、必ず希望の判定（区分）が出るとは限りません（同じ、あるいはより軽度と判定されることもあります）。
②再審査に時間がかかります。その間、原則介護保険サービスは使えません。

要介護認定の「有効期限」と「更新」について

　要介護認定には、期間の定めがあります。新規は原則6カ月、更新は原則12カ月ですが、市区町村や介護認定審査会の判断によって幅があり、設定可能な期限は3～48カ月です。更新の申請は担当のケアマネジャーが代行して手続きをしてくれます。まだ介護認定を受けていない方の介護保険被保険者証には、有効期限の記載はありません。

入院や体調の急変には「区分変更」

　介護サービス開始後に、対象者の心身の状態が大きく変化することがあります。現状の介護サービスでは足りなくなった場合は、「区分変更」申請を検討しましょう。区分変更とは、認定有効期間の更新を待たずに認定の見直しをすることです。同時に、ケアプランの見直しもケアマネジャーにお願いしましょう。区分変更申請をすると、おおむね30日程度で結果通知が届きます。

在宅サービスの基本を押さえる

【訪問サービス】在宅介護を 安心・快適にしたい！

在宅介護サービスにはどんなものがあるの？

　年々増加傾向にある在宅介護サービスの利用。まずどんなサービスがあるかを把握し、要介護者の希望を踏まえ、ご家族やケアマネジャーとどんなサービスを利用するか話し合いましょう。

自宅に訪問してもらえるサービス

	内容
居宅介護支援	居宅介護サービスが利用できるようケアマネジャーが心身状態を把握し、居宅サービス計画書を作成。介護の助言やサービス事業者と連携を行う
訪問介護	訪問介護員（ホームヘルパー）が、入浴や排せつ等身体介護や調理、洗濯、掃除等の家事を行う
訪問入浴介護	身体の清潔が保てるよう、看護職員と介護職員が利用者の自宅を訪問し、持参した浴槽で入浴の介護を行う
訪問看護	自宅で療養生活が送れるよう、看護師が医師の指示のもと、健康チェック、療養上の世話などを行う
訪問リハビリテーション	理学療法士、作業療法士、言語聴覚士などが自宅を訪問し、心身機能の維持回復や日常生活の自立のためのリハビリを行う
定期巡回・随時対応型訪問介護看護	定期的な巡回・随時対応など、状況に応じて24時間365日必要なサービスを行う。介護と看護の一体的なサービス提供を受けることができる
居宅療養管理指導	通院が困難な高齢者（要介護者）宅へ専門職が訪問し、療養上で必要な栄養管理や服薬、嚥下機能に関する指導等を行う

▶居宅介護(介護予防)支援

対象者 **事業対象者、要支援1〜2、要介護1〜5**

　適切な居宅介護サービスが利用できるよう、ケアマネジャーが心身状態を把握し、課題を分析した上で、居宅サービス計画書（ケアプラン）を作成します。介護者には助言やサービス事業者との連携を行います。サービス事業者と契約すると、介護サービスの利用が始まります。ケアプランの利用者負担はありません（※要支援の方のケアプランは、原則として地域包括支援センターが作成します）。

（参考）厚生労働省「居宅介護支援」

▶自宅にヘルパーが来てくれる「訪問介護」

対象者 **要支援1〜2、要介護1〜5**

　訪問介護では、自宅に訪問介護員（ホームヘルパー）が訪問し、食事や入浴や排せつなどの身体介護、調理、掃除、洗濯などの家事援助を行ってくれます。

　円滑な在宅介護を長く続けるためには、訪問介護を利用するのが良いでしょう。家族介護者の負担軽減にもつながります。厚生労働省の「介護給付費等実態統計」では、介護度が高くなるにつれて、「身体介助」中心のサービス利用が増えていきます。

　近年では老々介護や独居の高齢者も多いため、今後ますますニーズが高まる見込みです。

サービスの種類	内容
身体介護	食事の介助、入浴介助、排せつ介助、移動介助、服薬介助など
生活援助	調理や洗濯、日用品の買い物や掃除など
通院等乗降介助	通院等のための乗車または降車の介助

▶訪問介護員の資格

・介護福祉士　　　　　・介護職員初任者研修修了者

・実務者研修修了者　　・生活援助従事者研修修了者　　など

※無資格者は訪問系サービスに従事することはできません。

（参考）厚生労働省「訪問介護・訪問入浴介護」

▶自宅で入浴したい方のための「（介護予防）訪問入浴介護」

　訪問入浴とは、要介護状態などにより自宅の浴槽で入浴することが困難になった方の自宅に訪問し、浴槽を持ち込んで行う入浴サービスです。浴槽は組み立て式で、畳2枚分くらいのスペースが必要となり、自宅から給湯します。何らかの理由で施設での入浴ができない、あるいは心身の状態により在宅での個別浴の方が適している方に利用されています。

〈訪問入浴介護〉　　対象者　**要介護1〜5**

　寝たきりやターミナルケアなど、利用者の心身の状況や環境を考慮し医療ニーズのある方にも対応してくれます。身体の清潔の保持、リラックスや満足につながる効果もあります。

〈介護予防訪問入浴介護〉　　対象者　**要支援1〜2**

　居宅に浴室がない場合や感染症などの理由から、**その他の施設における浴室の利用が困難な場合など**に限定して、訪問による入浴介護が提供されます。

▶訪問入浴を行う職種

・看護師または准看護師1名以上
・介護職員2名以上（介護予防訪問入浴介護の場合は1名以上）

▶療養生活のサポート「訪問看護」

対象者　**要支援1～2、要介護1～5**

　訪問看護は、住み慣れた自宅で療養したい、自宅で最期を迎えたいと希望する方などのために、主治医の指示のもとで看護師などが自宅を訪問し、病気による症状の処置などを行います。自宅で看取りを希望する高齢者を抱える家族にとっても、訪問看護は頼れる存在となります。

処置の事例
・健康チェック ・療養生活に必要なケア ・点滴や注射などの医療処置 ・服薬管理 ・リハビリテーション ・緊急時対応や主治医、ケアマネジャーとの連携　など

（参考）公益財団法人日本訪問看護財団「こんにちは！ 訪問看護です」

▶「訪問リハビリテーション」

対象者　**要支援1～2、要介護1～5**

　訪問リハビリテーションとは、リハビリテーションの専門職が主治医の指示のもとで自宅を訪問し、高齢者の日常生活の自立や心身機能の維持回復に合ったリハビリテーションを行います。その他に、病状の観察としてバイタルチェックや再発予防における助言、福祉用具や補装具、家族の介護相談や住宅改修の相談なども行います。

▶リハビリを行う職種

・理学療法士　　・作業療法士　　・言語聴覚士　　など

(参考) 一般財団法人訪問リハビリテーション振興財団ホームページ

▶「定期巡回・随時対応型訪問介護看護」

対象者　**要介護1〜5**

　日中・夜間を通じて定期巡回訪問、または随時通報を受けた高齢者の自宅を訪問し、必要な家事や身体介助、療養上のお世話などをしてくれます。必要な支援を短時間だけ行うなど、臨機応変なプランも可能です。夜間のおむつ交換やトイレの介助などのケアがスポットで受けられるため、夜間帯を1人で過ごす高齢者や家族にとって安心のサービスです。

　訪問介護と訪問看護の一体的サービスで、緊急時は利用者からの通報により電話やICT機器等による対応、訪問などの対応を随時行ってくれます。

特徴	・緊急時の呼び出しコールをすれば、24時間かけつけてくれる ・日中、夜間を通じてサービスを受けることが可能 ・定期訪問に加え、必要なときに随時サービスを受けられる ・要介護度に応じた利用料金で月々定額 ・訪問介護に加えて訪問看護を利用する場合は、自己負担額が上がる

(参考) 一般社団法人全国定期巡回・随時対応型訪問介護看護協議会「定期巡回・随時対応サービスのポイント」、
厚生労働省「定期巡回・随時対応型訪問介護看護の概要」

対象者　**要支援1〜2、要介護1〜5**

　通院が困難な高齢者（要介護者）宅へ専門職が訪問し、心身状況を把握しながら療養上の管理や指導、助言等を行ってくれます。

　医師の指導のもとで栄養管理や服薬の管理指導、また、歯科医師の指導のもとで口腔内や義歯の清掃、嚥下機能に関する指導をしてくれるため、生活の質向上が図れます。居宅療養管理指導を行うのは、病院や診療所、薬局などです。

▶指導を行う職種

・医師　・歯科医師　・薬剤師　・管理栄養士　・歯科衛生士　など

（参考）厚生労働省「居宅療養管理指導」

06

日帰りで気軽に利用できる

【通所サービス】目いっぱい使って介護者の時間を確保

車での送迎つきで人気の「通所サービス」

いわゆる**通所サービス**では、自宅から施設までの送迎があり、食事や入浴、機能訓練などのサービスを利用することができます。また、リハビリテーションの専門家からリハビリを受けたい、認知症に対応してくれる施設に通いたいなど、目的に特化した施設もあります。

通いのサービスは、要介護者を抱える家族の介護負担を減らすだけでなく、要介護者にとっても介護予防や運動、人との交流の機会となる人気のサービスです。

通いのサービス

	内容
通所介護 （デイサービス）	日帰りで介護施設に通い、食事や入浴、日常生活に必要な機能訓練などを受けることができる。利用者との交流や趣味活動を行うこともできる
療養通所介護	看護師などが重度要介護者、難病やがん末期の方などを対象に日常生活上のサービスと必要な医療処置などを行う
通所リハビリテーション （デイケア）	介護老人保健施設や診療所などで、理学療法や作業療法などのリハビリを行う。食事や入浴などのサービスも利用できる
認知症対応型 通所介護	認知症の方を対象に専門的なケアを行う施設。食事や入浴などの日常生活上のサービスを行い、ご家族の介護負担軽減も図っている

▶通所介護(デイサービス)

対象者 **事業対象者、要支援1〜2、要介護1〜5**

　通所介護では、食事や入浴などの日常生活の支援や、生活機能・口腔機能向上のための機能訓練などのサービスを日帰りで利用することができます。自宅にこもりきりの要介護者の孤立感解消や、心身機能の維持、家族の介護の負担軽減なども図ることができます。事業所の規模や所要時間によって費用が設定されています。

※要介護1〜5の方に提供されるサービスを「**通所介護**」や「**地域密着型通所介護**」、要支援1〜2の方に提供されるサービスを総合事業の「**介護予防型通所サービス**」と言います。

(参考)江東区ホームページ

▶(介護予防)療養通所介護

対象者 **要介護1〜5**

　療養通所介護は、常に看護師による観察が必要な難病、認知症、重度要介護者やがん末期の方を対象にしたサービスです。利用者は施設に通い、食事や入浴・機能訓練などの日常生活支援に加えて、痰の吸引、食事(胃ろう、経管栄養)、人工呼吸器の管理などの医療サービスを利用することができます。

　医療ニーズの高い方に対応できるよう、医師や訪問看護ステーションと連携してサービスを提供します。

▶(介護予防)通所リハビリテーション(デイケア)

対象者 **要支援1〜2、要介護1〜5**

　通所リハビリテーションの施設(老人保健施設、病院、診療所など)に通い、食事や入浴などの日常生活の支援、生活機能向上のための機能訓練や口腔機能向上サービスを利用することができます。

病状が安定期にあり、医学的管理下でのリハビリテーションが必要な方が対象です。認知症などの精神症状を持つ方や、脳血管疾患などに起因する運動障害を有する方の心身機能回復・維持を目標に行われます。

（参考）千代田区ホームページ

▶認知症対応型通所介護

対象者 **要支援1〜2、要介護1〜5**

認知症の利用者を対象にした専門的なケアを提供します。食事や入浴などの日常生活支援や、機能訓練・口腔機能向上サービスなどを提供し、自宅にこもりきりの利用者の社会的孤立感の解消も図ります。

また、認知症の高齢者を抱える家族の介護負担を軽減することも目的としています。

※要介護1〜5の方に提供されるサービスを「認知症対応型通所介護」、要支援1〜2の方に提供されるサービスを「介護予防認知症対応型通所介護」と言います。

（参考）江東区ホームページ

07

【多機能型】退院後の不安定な時期も安心して乗りきる

在宅生活を支えてくれる2つの複合サービス

皆さんは、**（看護）小規模多機能型居宅介護**というサービスをご存じですか？ 要介護者の様態によって、通いの他、訪問介護や宿泊を臨機応変に提供してもらえたら、施設入所までせずとも在宅生活を送れるケースもあるかもしれません。

そんなときに利用してもらいたいのが、こうした**複合型サービス**です。それぞれのメリットや特徴をご紹介します。

通い・訪問・宿泊を組み合わせたサービス

	内容
小規模多機能型居宅介護	通いを中心に、随時訪問や宿泊を組み合わせて利用することができる
看護小規模多機能型居宅介護	小規模多機能型居宅介護と、訪問看護を複合したサービスを利用することができる

※上記のサービスは、要介護度に応じた「定額料金」となります。

▶（介護予防）小規模多機能型居宅介護

対象者　要支援1〜2、要介護1〜5

小規模多機能型居宅介護は、平成18年に創設された通いを中心とす

るサービスで、状況に応じて訪問介護や短期間の宿泊サービスを行ってくれます。サービスの内容は、入浴や排せつ、食事の介助、調理や洗濯、掃除などの家事援助や機能訓練など多岐にわたります。

　要介護度が中重度になっても、住み慣れた地域で在宅生活が続けられるようサービスを提供することが目的で、利用者からは「通いと訪問、宿泊を複合的に提供してくれるから選んだ」という声が多く寄せられています。また、近年は終末期から看取りにかけてサービスに関わるケースも増えています。要介護1以上の方の8割強が利用しています。

（参考）特定非営利活動法人全国小規模多機能型居宅介護事業者連絡会
「小規模多機能型居宅介護における経営の安定性確保や介護人材の確保等に関する調査研究事業報告書」

▶看護小規模多機能型居宅介護

対象者　**要介護1〜5**

　看護小規模多機能型居宅介護は、小規模多機能型居宅介護と同様に通いを中心とするサービスで、状況に応じて訪問介護や短期間の宿泊サービスを行ってくれます。加えて、看護師による「訪問看護」を組み合わせた医療・介護の複合型サービスです。

　退院後の在宅生活に不安がある方や、介護者のレスパイト（家族が一時的に休息でき、介護から開放される時間を持つこと）の対応、主治医と連携し、看取り期の医療行為も含めた支援なども行ってくれます。末期がんや看取り期の要介護者を抱える家族は、介護の負担だけでなく精神的不安も大きいでしょう。看護小規模多機能型居宅介護は、医療と介護を総合的にサポートし、要介護者の在宅生活を支えてくれます。

　利用者は要介護3以上の方が6割と、一定の割合で推移しています。また、利用者の主な傷病の内訳は末期がん、認知症、脳卒中などが多く、全体では認知症が多くなっています。

　利用されているサービスは、身体の清潔保持や排せつのケア、服薬管理、疼痛管理、胃ろうや腸ろうによる栄養管理、カテーテルやストーマ

の処理、喀痰吸引など。医療的な処置を提供し、在宅療養が可能になる
よう調整を行ってくれます。なお要支援1〜2の方は利用できません。

（参考）厚生労働省「看護小規模多機能型居宅介護」、厚生労働省ホームページ

N O T E

08

自立度を高めてくれる

【福祉用具】リースだから便利！体調に合わせて交換もできる

福祉用具はレンタルか購入で利用できる

　要介護者が自宅で自立した生活をするためには、福祉用具の助けも必要です。福祉用具は性質に応じてレンタルと販売に分かれています。レンタルを利用する場合、体調の変化に合わせて福祉用具を途中で変更することもできます。

在宅生活における自立度と安全を確保する

	内容
福祉用具貸与	介護用ベッドや車いすなど日常生活に必要な福祉用具を、ケアマネジャーや福祉用具貸与事業者に相談して決定し、**毎月の利用を開始する**
福祉用具販売	ポータブルトイレや入浴いすなど、貸与になじまない**製品を購入し、支給申請を行う。購入するときは、事前にケアマネジャーへ相談する**

▶福祉用具貸与（レンタル）

対象者 **要介護認定を受けている方**

　要介護度に応じて貸与可能な品目をレンタルすることができます。要介護2以上の方は、次ページの表の福祉用具全般をレンタルすることができます。要支援1〜2、要介護1はその一部、歩行を助ける杖や歩行器などの福祉用具をレンタルすることができます。対象外となっている福

祉用具でも、市区町村や医師の所見により、例外的にレンタルが可能となる場合があります。

レンタルの対象となる福祉用具

			内容
福祉用具貸与の13品目	1	車いす	自走用車いす、介助用車いす、電動車いす
	2	車いす付属品	クッション、電動補助装置等の車いすと一体となり使われるもの
	3	特殊寝台	介護ベッド
	4	特殊寝台付属品	マットレス、サイドレールなど
	5	床ずれ防止用具	エアマット、ウォーターマットなど
	6	体位変換器	空気パッド等を身体の下に挿入し、体位変換しやすくするためのもの
	7	認知症老人徘徊感知機器	徘徊のため家から出ようとした際にセンサーにより、家族へ通報される
	8	移動用リフト	つり具部分以外
	9	手すり	取りつけに工事不要なもの
	10	スロープ	取りつけに工事不要なもの
	11	歩行器	移動時に体重を支える構造のもの
	12	歩行補助杖	松葉杖、多点杖など
	13	自動排泄処理装置	交換可能部品以外

▶福祉用具販売

対象者 要支援1〜2、要介護1〜5

福祉用具は原則レンタルとなっていますが、一部レンタルになじまないもの（他人が利用したものを再利用するのに抵抗を感じるものなど）

は購入対象となっています。

ただし購入の際の負担が大きくならないよう、年間（4月1日〜翌年3月末日）で10万円までを上限として、**購入費の7〜9割（自己負担が1〜3割の方の場合）が保険給付の対象**となっています。

基本的には、いったん介護事業者に10割を支払い、後から7〜9割が戻ってくるという償還払いの仕組みになっています。しかし実際には、受領委任払いが可能な事業者も多く、事業者への支払いは自己負担分の1〜3割で済むことも多いようです。

福祉用具を購入する際は、支払い方法も含め、ケアマネジャーや介護事業者と相談しながら進めてください。

（参考）厚生労働省「福祉用具貸与（参考資料）」

			内容
福祉用具販売	1	腰かけ便座	・和式便座の上に置き腰掛式に変換するもの ・洋式便器の上に置き高さを補うもの ・電動式またはスプリング式で便座から立ち上がる際に補助できる機能を有するもの ・便座・バケツなど、移動可能である便座（居室で利用可能なもの）
	2	自動排泄処理装置	交換可能な部品
	3	入浴補助用具	入浴用椅子、浴槽用手すり、浴槽内椅子、入浴台、浴槽・浴室内すのこ
	4	簡易浴槽	マットレス、サイドレールなど
	5	移動用リフト	つり具部分

09

自宅でのリスクを軽減

自宅でまさかの転倒！
住宅改修の申請を急ごう

▎安全な在宅生活を過ごせるように

　高齢になると、住み慣れた自宅でもまさかの転倒でケガをすることがあります。**自宅で転倒する場所で多いのは、浴室・脱衣所、庭・駐車場、ベッド・布団、玄関・勝手口、階段など**です（消費者庁ホームページより）。

　転倒した場合、多くの方は打撲や擦り傷やねんざなど、なんらかのケガを負ってしまいます。住宅改修を行うことでこうしたリスクを軽減し、安全な在宅生活を送るための環境整備をすることができます。

▎住宅改修制度について

対象者　要支援1～2、要介護1～5

　在宅で自立した生活を送るため、また、介護の負担を軽減するために住宅改修を行う場合は、申請を行うことで費用の一部を介護保険から支給してもらうことができます。住宅改修の事前申請後、市区町村から承認通知が届いてから工事を着工し、工事完了後に完了届を市区町村へ提出することで住宅改修費が支給されます。

　原則1回のみ利用可能ですが、転居で住所が変わったときや、要介護状態区分が3段階以上重くなったときは、再度利用することができます。

　支給には事前申請が必要です。**事前申請をせずに行った工事は、支給対象外となりますので気をつけましょう。**

住宅改修制度について

対象者	要支援1〜2、要介護1〜5の認定を受けた方
対象となる住宅	現在住んでいる住宅 ※入院中などに住宅改修を行った場合、退院して在宅に戻ることが支給要件
対象となる工事	①手すりの取りつけ 居室、廊下、トイレ、浴室、脱衣所、玄関、玄関から道路までの通路などの移動の助けとなるもの ②段差の解消 居室、廊下、トイレ、浴室、脱衣所、玄関、玄関から道路までの段差を解消する助けとなるもの ③床材の取り替え 滑り防止や移動が円滑になる床に材料を変更 ④引き戸などへの扉の取り替え ※扉の新設は対象外 ⑤便器の取り替え 和式から洋式に取り替え、便器の位置や向きを変更等 ⑥上記工事に付帯して必要な工事
支給金額	支給限度基準額 20万円　※1〜3割の自己負担が必要

（参考）調布市、岡山県美咲町

10

さまざまな介護のニーズをカバー

【自由な自費サービス】
もっと日常を楽しくできる

人生の質を高める「介護保険外サービス」

　日常生活上の食事や排せつや入浴などを適宜行い、要介護者の健康と清潔を維持することはとても大切なことです。こうした日常生活の質を保つケアは、介護保険サービスで行うことができます。

　一方で、介護保険サービスは保険料や公費などによって成り立っているため、友人との外出や家族との旅行など、私的な楽しみやイベントには対象外となり利用できません。介護保険サービスには税金が使われているため、生活上の必要最低限のケアが原則なのです。

日常生活の満足度を高めてくれる

　とはいえ、月に一度あるいは年に数回の楽しみを継続させることは、人生の満足度を高めてくれます。旅行や外食に行きたいなど、多様なニーズに応えることができるのが**介護保険外サービス**です。介護保険外サービスには、比較的元気な方を対象としたものから常時介護が必要な方を対象としたものまで、さまざまあります。

介護保険外でよく利用されるサービス

・外食時の付き添い	・友人と会う
・庭の手入れ	・家具の組み立て
・電球の交換	・旅行時の付き添い
・デパートでの買い物	・お墓参り時の付き添い　など
・結婚式や葬儀などの行事への出席	

今までできていたことを続けられる喜び

　要介護者の趣味や活動をサポートすることで、「旅行に行きたいからリハビリを頑張ろう」「ケガをしないように気をつけよう」など、日常生活にもハリが出て、介護予防への意欲向上も期待できます。

　また、介護をする方の労力を軽減し、時間を確保するために、介護保険外サービスを活用するのも良い選択でしょう。

（参考）厚生労働省、農林水産省、経済産業省
「地域包括ケアシステム構築に向けた公的介護保険外サービスの参考事例集」

11

サービスや料金も選択肢いろいろ

介護疲れ解消にはズバリ！
ショートステイがおすすめ

宿泊サービスを上手く活用しよう

　長い在宅介護を続ける上では、介護者に突然の出張や冠婚葬祭が発生したり、要介護者自身の体調が安定せず介護者がゆっくり休めなかったりするなど、さまざまなことが起こると思います。そんなときは宿泊サービスを利用するのも一つの手です。誰にも介護を頼めず必要な外出もできない、あるいは介護者が疲れて倒れてしまっては元も子もありません。一言で**「宿泊サービス」**と言ってもそれぞれ特徴がありますので、いざというときのために事前に確認しておきましょう。

泊りができるサービス

主なサービス	内容
短期入所生活介護 〈ショートステイ〉	老人短期入所施設や特別養護老人ホームなどに宿泊できる。食事や入浴、機能訓練などのサービスが利用できる
短期入所療養介護 〈医療型 ショートステイ〉	医療機関や介護老人保健施設、介護医療院に宿泊できる。食事や入浴だけでなく、医療、看護、機能訓練などのサービスが利用できる
通所介護事業所等 宿泊〈お泊りデイ〉 ※介護保険対象外	日中は通所介護サービス（デイサービス）を提供している事業所に宿泊できる。夜間は介護保険の対象外で宿泊を受け入れるサービス
有料 ショートステイ ※介護保険対象外	有料老人ホームなどに宿泊できる。短期入所生活（療養）介護とは違い、介護サービス費においても介護保険適用外。退院後で体調面が不安な方、介護疲れの一時的な緩和など、さまざまな用途で利用できる

※日用品や消耗品等は別途実費が必要

▶（介護予防）短期入所生活介護〈ショートステイ〉

対象者 **要支援1〜2、要介護1〜5**

　介護老人福祉施設（特別養護老人ホーム）などが、常に介護が必要な方の短期間の入所を受け入れ、入浴や食事などの日常生活上の支援や、機能訓練などを提供してくれます。介護保険施設（96ページ参照）なら**食費や滞在費（部屋代）は所得に応じた減額制度**があります。

　サービス費用は施設や居室の種類によって違います。利用前に空きがあるか確かめましょう。**連続で利用できる日数は30日まで**です。

▶（介護予防）短期入所療養介護〈医療型ショートステイ〉

対象者 **要支援1〜2、要介護1〜5**

　短期入所療養介護では、医療機関や介護老人保健施設、介護医療院が、日常生活上のケアや医療、看護、機能訓練などを提供することで療養生活の質を向上させ、家族（介護者）の負担軽減なども図ってくれます。

　投薬やリハビリなどの医療的ケアが中心ですが、日中は他の利用者と趣味活動もできます。介護保険施設なら**食費や滞在費（部屋代）は所得に応じた減額制度**があります。サービス費用は施設や居室の種類によって違います。**連続で利用できる日数は30日まで**です。

短期入所(生活・療養)介護を利用できる要件とは

・利用者の心身の状況や病状が悪化し、家族による介護が困難
・家族（介護者）の疾病や、冠婚葬祭や出張で介護できない
・家族（介護者）の身体的・精神的負担を軽減したい
・入居する前に雰囲気を確かめたい　など

（参考）千代田区ホームページ

▶ 通所介護事業所等宿泊〈お泊りデイ〉

対象者 **要介護1〜5**

　宿泊だけでなく手作りの食事の提供や入浴、集団レクリエーションや散歩など外出の機会もあるというふうに、各介護事業所が提供する宿泊サービスも多様化しています。

　宿泊料金は全額自己負担です。デイサービスの利用があるかないかによって、宿泊料金が異なることもあります。予約の際に介護事業所へお問い合わせください。利用者や介護者にとっては、なじみのデイサービスでお泊りができるということで急な予定が入ったときでも気軽に利用できるサービスです。

※小規模多機能型居宅介護を利用している方は、他の通所介護サービスとの併用ができません

（参考）厚生労働省「通所介護及び療養通所介護（参考資料）」

▶ 有料ショートステイ

対象者 **おおむね65歳以上**

　要介護認定がなくても、おおむね65歳以上の方なら利用可能です。介護サービス費も全額自己負担となるため、料金は1万円を超えることも多いようです。介護保険適用の短期入所生活（療養）介護がいっぱいだった、あるいは施設の雰囲気が良さそうだから選ぶなど、利用の目的はさまざまです。事前に健康診断書等が必要になることもありますので、利用の1週間前には予約と準備をしましょう。

第3章

もらい忘れが悲劇を招く！

介護でもらえる手当のすべて

会社を辞めるのはちょっと待って！

きちんと使おう！
介護休業給付制度・介護（補償）給付

会社を辞める前に知ってほしい！「介護休業制度」

　できることなら会社を辞めず、キャリアを諦めることなく、仕事と介護を両立したいですよね。しかし現実は、介護離職をする人は毎年10万人にのぼります。また、再就職したとしても、正社員として雇用されたのはその中の約半数で、残りの方は非正規雇用や無職のままとなっています。介護休業制度をしっかり活用し、後悔のない働き方をしましょう。

1年間で10日までの休暇なら「介護休暇」

　労働者が要介護状態（負傷、疾病または身体上もしくは精神上の障害により、2週間以上の期間にわたり常に介護を必要とする状態）にある対象家族を介護するために取得することができます。

　介護休暇とは、1年間で**介護対象者1人に対して5日、両親2人が介護対象者ならば10日、介護休暇を取ることができる制度**です。ケアマネジャーとの話し合いや行政手続き、親の通院介助など、1日や時間単位で利用することも可能です。

▶**対象となる人**

・対象家族を介護する男女の労働者（日々雇用を除く）

　※入社6カ月未満の方、1週間の所定労働日数が2日以下の方などは、労使協定によっては対象外になることがあります。

▶対象となる家族の範囲

　対象となる家族の範囲は、配偶者（事実婚を含む）、父母、子・孫、配偶者の父母、祖父母、兄弟姉妹です。

対象となる家族

※対象家族は、配偶者（事実婚を含む）、父母、子・孫、配偶者の父母、祖父母、兄弟姉妹

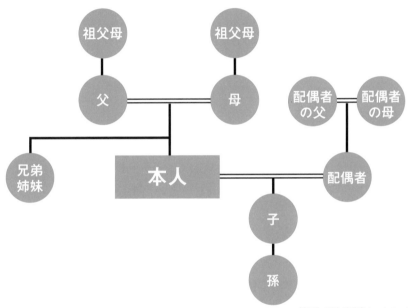

（参考）厚生労働省ホームページ

▶手続きの方法と流れ

・書面の提出に限定されておらず、口頭での申し出も可能です。

一定期間介護に集中したいなら93日取得できる「介護休業」

　労働者が要介護状態（負傷、疾病または身体上もしくは精神上の障害により、2週間以上の期間にわたり常に介護を必要とする状態）にある対象家族を介護する場合に取得できます。

介護休業は、仕事と介護を両立できるよう長期の休みを取ることができる制度です。要介護者である親の実家が遠方だったり、退院後の面倒を見る人がいなかったりする場合、介護サービスを利用できるようになるまでの期間、上手に利用しましょう。

▶対象となる人

・対象家族を介護する男女の労働者（日々雇用を除く）

　※令和4年4月1日からは「入社1年以上であること」という要件が廃止されました。
　　介護休業の対象となる方が増え、活用しやすい制度になりました。

▶申請時期によって要件が異なる

（令和4年3月31日まで）

①入社1年以上であること。

②取得予定日から起算して93日を経過する日から6カ月を経過する日までに契約期間が満了し、更新されないことが明らかでないこと。

令和4年4月以降

①取得予定日から起算して93日を経過する日から6カ月を経過する日までに契約期間が満了し、更新されないことが明らかでないこと。

　※ただし、労使協定が締結されている場合は対象外となる方もいます。

▶対象外となる人

・申し出の日から93日以内に雇用契約が終了する労働者
・1週間の所定労働日数が2日以下の労働者

▶対象となる家族の範囲はどこまで？

　対象となる家族の範囲は、配偶者（事実婚を含む）、父母、子・孫、配偶者の父母、祖父母、兄弟姉妹です（85ページ「対象となる家族」

の内容と同じ）。

▶連続あるいは分割もOK、通算93日まで休業できる

　対象家族1人につき3回まで、通算93日休業することができます。連続で休業することもできますし、分割して休業することも可能です。仕事と介護を両立するために必要な制度ですので、遠慮なく事業主に申し出ましょう。

利用期間・回数

取得例

例1

介護休業制度①	介護休業制度②	介護休業制度③
30日	**30日**	**33日**

例2

介護休業制度①
93日

▶手続きの方法と流れ

・休業開始日の2週間前までに書面等で事業主に申請する

・休業終了予定日の2週間前までに申し出れば、1回の申し出ごとの休業につき、1回限り（事由を問わず）休業終了予定日を繰り下げ変更することができる

・会社に様式があれば会社のもの、あるいは厚生労働省のホームページなどから様式をダウンロードできる

経済的なサポートを受けよう！介護休業給付金

　介護休業を取得する場合、雇用保険の被保険者で一定の要件を満たしていれば、「介護休業給付金」が支給されます。

▶対象となる人

　受給対象者となるには、介護休業を開始した日より前の2年間に、被保険者期間が12カ月以上必要です（※賃金支払基礎日数が11日以上ある完全月が12カ月以上ある人）。

　12カ月に満たない場合でも、期間中にご本人の疾病などがある場合は要件が緩和される場合もあるので、厚生労働省やハローワークのホームページをご確認ください。

▶受給金額と期間

　支給対象期間ごとの支給額は、次の計算式の通りです。給付額には上限があり、介護休業期間と同じく93日です。

休業開始時賃金日額×支給日数×67％

※休業開始時賃金日額は、原則介護休業開始前6カ月間の総支給額を180で割った額

短時間勤務の制度を使って仕事と介護を両立しよう！

　短時間勤務の措置は、会社によって利用できる制度が違いますが、企業は以下の一つ以上の制度を設ける必要があります。

短時間勤務の制度
・1日の所定労働時間を短縮する制度
・週または月の所定労働時間を短縮する制度

・週または月の所定労働日数を短縮する制度（隔週勤務や、特定の曜日のみの勤務などの制度）
・労働者が個々に勤務しない日または時間を請求することを認める制度

　フレックスタイム制や時差出勤、短時間勤務などは、対象家族1人につき、利用開始の日から連続する3年以上の期間で2回以上の利用ができます（介護休業とは別に取得が可能）。

時間外労働の制限や・深夜業の制限も

「所定外労働の制限（残業免除）」や「時間外労働の制限（残業免除）」や「深夜業の制限」を申し出ることもできます。

▶対象となる人
・対象家族を介護する男女の労働者（日々雇用を除く）

① 「所定外労働の制限（残業免除）」は、1回につき1カ月以上1年以内の期間利用できます。回数の制限はありません。
② 「時間外労働の制限（残業免除）」は、1カ月について24時間、1年につき150時間を超える時間外労働をさせてはいけないとされています。1回につき1カ月以上、1年以内の期間利用できます。回数の制限はありません。

　※ただし①②は入社1年未満の方、1週間の所定労働日数が2日以下の方等は労使協定により対象外となる場合は利用できません。

③ 「深夜業の制限」により、深夜帯（22〜5時）の労働を免除してもらうことができます。1回につき1カ月以上6カ月以内の期間です。回数の制限はありません。

▶対象外となる人

・入社1年未満の方、1週間の所定労働日数が2日以下の方、そもそも深夜に就労している方、以下の①〜③に該当し、介護ができる16歳以上の同居家族がいる方

①深夜に就労していないこと（深夜の就労日数が1カ月につき3日以下の者を含む）。

②負傷、疾病または心身の障害により介護が困難でないこと。

③産前6週間（多胎妊娠の場合は14週間）、産後8週間以内の者でないこと。

NOTE

02

知らなきゃ損！ 市区町村へ「介護手当」の確認を

介護手当は在宅介護を推進するための手段の一つ

国は在宅介護を推進するため、さまざまな環境整備を進めています。施設から地域へ、医療から介護へという「介護の将来像」に向け、急ピッチで地域包括ケアシステムの構築を進めています。

そのため、多くの市区町村では在宅介護を受ける要介護者、そして介護をする家族に対して「介護手当（総称）」を支給しています。介護手当の支給により、介護サービスの利用やレスパイトケアに活用してもらおうと考えているためです。対象となる方は大いに活用しましょう。

ただし、すべての市区町村が介護手当を支給しているわけではありません。また、要介護者や介護をする家族を対象にした介護手当は、各市区町村によって呼び名が異なりますので、お住まいの市区町村のホームページなどでご確認ください。

市区町村によって支給金額にかなり差がある

介護手当の支給目的や要件、金額は市区町村によってさまざまです。

手当の支給目的

・家族介護に対する慰労や激励、ねぎらい
・家族介護の経済的負担軽減
・福祉の向上、増進

・心身の負担軽減　など

介護手当の特徴
・使い道が自由で、報告書やレシートの提出は不要
・手当は基本的に遡って受給できない
・金額や支給要件も市区町村によってさまざま
※要介護3〜5の在宅介護者に介護手当を支給する市区町村もあれば、
　介護度ではなく独自の要件を設けていることもあります。

毎月の支給金額
・3,000円〜4万円が全体の相場

　基本的に「在宅介護」が受給要件で、多くの市区町村では要介護3〜4から手当を支給しているようです。また、介護手当は原則遡って受給することができません。申請した月からしか支給されませんので、「自分は対象ではないか？」と思ったらすぐ申請してみましょう。

手当だけじゃない！ 介護保険料にも地域格差あり

　介護手当が支給される一方、私たちが納める介護保険料は年々高くなっています。介護保険制度が始まった2000年度の介護保険料は、全国平均で2,911円でした。しかし、約20年経った2021年度の全国平均は6,014円。たった20年で、保険料は約2倍になりました。ちなみに最も介護保険料が高かったのは東京都青ヶ島村で9,800円、2位が秋田県五城目町8,300円、3位が福島県葛尾村8,200円でした。

　介護保険料は2040年には全国平均で9,000円台に達すると予測されており、また、介護保険の加入対象となる年齢についても見直しされています。これからますますお金の工面が必要になるでしょう。

03

高齢者の9割が受給もれ？「特別障害者手当」とは

名前に惑わされないで！ 高齢者も対象の「特別障害者手当」

　皆さんは高齢者が受給できる手当をどのくらいご存じですか？ 今はインターネットで何でも調べられる時代です。しかし、インターネットでは見落とされがちな手当や、対象者数が多いのに受給者数が少なすぎると感じる手当があります。その一つが**「特別障害者手当」**です。

　障がい者手帳の有無に関係なく受給できる「特別障害者手当」は、毎月2万7,980円（令和5年4月より適用）支給されます。年間で約33万円です。国の手当なので、どこの市区町村にお住まいでも要件を満たせば受

特別障害者手当の受給要件

特別障害者手当とは	身体または精神に著しい障害を有する方に対して支給される手当(高齢者も対象)
申請窓口	お住まいの市区町村
受給要件	精神または身体に著しく重度の障害を有するため、日常生活において常時介護が必要とされる状態にある在宅の20歳以上の方に支給
所得制限	あり(※お住まいの市区町村HPなどをご覧ください)
手当月額	2万7,980円(※令和5年4月)

※ただし、施設に入所している、病院または療養所等に3カ月を超えて継続して入院しているなどの場合は除く

給することができます。この機会にぜひチェックしてみてください。

特別障害者手当の要件をチェックしよう！

　特別障害者手当の要件は、在宅であること、そして医師の診断書で「著しく重度である」と診断されていることなどです。

　在宅で要介護4〜5など「身体に著しい障害を有する」要件に当てはまると思われる場合、また、施設に入所していても、「住宅」扱いとなる施設もあります。対象かどうかを確認したい場合は、市区町村や施設へお問い合わせください。

経済的に苦しいのは在宅介護も同じ

　施設入所をするよりも、在宅介護をするご家庭の方が、経済的には楽ではないか？と思われる方も多いと思います。

　確かに「費用を抑える」という点では、在宅介護の方が有利だと言えます。しかし高齢者を在宅介護しているご家族の多くは、「収入（働き方）に制限」があるものです。つまり在宅介護をする方は仕事の時間をセーブしていたり、介護にかかる時間を確保するため役職につくことを断っているなど、経済的・時間的制限を持っていることが多いのです。そのことを考えると、一概に「在宅介護の方が経済的に楽」とは決して言いきれません。

　これ以上仕事の時間を増やせない、あるいは老々介護で働けない、収入を増やせない方にとって、定期的なお金の支援があるのはとても助かります。申請すればもらえたはずの手当を見逃さないためにも、手当の存在や受給要件をしっかり押さえましょう。そして、長い在宅介護を乗りきるためのお金が工面できるよう、手当の申請をしっかり行いましょう。

施設費用をどうしたら安くできるの？

施設費用を安く抑えたいなら「介護保険負担限度額認定」

介護保険施設の居住費と食費が安くなる！

　介護保険施設に入所したとき、居住費（滞在費）・食費が軽減できる制度があるのをご存じでしょうか。要件を満たす方は、段階に応じて1日あたりの負担限度額が決められており、居住費と食費が減額になります。

利用者負担限度額の段階

	設定区分	対象者	預貯金額（夫婦の場合）
補足給付の支給対象	第1段階	生活保護を受給している方など	要件なし
		世帯全員が市町村民税非課税で、老齢福祉年金受給者	1,000万円（2,000万円）
	第2段階	世帯全員が市町村民税非課税で、本人の公的年金収入額（※）＋その他の合計所得金額が80万円以下	650万円（1,650万円）
	第3段階①	世帯全員が市町村民税非課税で、本人の公的年金収入額（※）＋その他の合計所得金額が80万円超〜120万円以下	550万円（1,550万円）
	第3段階②	世帯全員が市町村民税非課税で、本人の公的年金収入額（※）＋その他の合計所得金額が120万円超	500万円（1,500万円）
	第4段階	市区町村民税課税世帯	

※非課税年金を含む
※負担限度額は所得段階、施設の種類、部屋のタイプによって異なる

（参考）厚生労働省ホームページ「介護事業所・生活関連情報検索」

制度の利用を希望する場合、申請書の提出が必要です。表で要件を
チェックしてみましょう。

対象になる「介護保険施設」とは？

居住費と食費が減額になる「介護保険負担限度額認定」が利用できる
介護保険施設とは、以下の4つです。

介護保険施設
・介護老人福祉施設（特別養護老人ホーム）
・介護老人保健施設
・介護療養型医療施設
・介護医療院

また、これらの施設は要介護1以上の方が利用することができます。
施設入所費用はどのくらい違うのか、基準費用と減額後の金額を比較し
てみましょう。

介護老人福祉施設（特別養護老人ホーム）、短期入所生活介護の場合（日額）

		基準費用額（日額）	負担限度額（日額）【 】はショートステイの場合			
			第1段階	第2段階	第3段階①	第3段階②
食費		1,445円	300円	390円【600円】	650円【1,000円】	1,360円【1,300円】
居住費	ユニット型個室	2,006円	820円	820円	1,310円	1,310円
	ユニット型個室的多床室	1,668円	490円	490円	1,310円	1,310円
	従来型個室	1,171円	320円	420円	820円	820円
	多床室	855円	0円	370円	370円	370円

（参考）厚生労働省ホームページ「介護事業所・生活関連情報検索」

介護老人保健施設、介護療養型医療施設、短期入所療養介護の場合（日額）

		基準費用額（日額）	負担限度額（日額）【 】はショートステイの場合			
			第1段階	第2段階	第3段階①	第3段階②
食費		1,445円	300円	390円【600円】	650円【1,000円】	1,360円【1,300円】
居住費	ユニット型個室	2,006円	820円	820円	1,310円	1,310円
	ユニット型個室的多床室	1,668円	490円	490円	1,310円	1,310円
	従来型個室	1,668円	490円	490円	1,310円	1,310円
	多床室	377円	0円	370円	370円	370円

（参考）厚生労働省ホームページ「介護事業所・生活関連情報検索」

　表の「基準費用額」は、国が定める居住費・食費の標準的な金額（国の基準費用額）です。実際に施設に支払う金額は、利用者と介護施設との契約で定められていますので、詳細は利用する施設へご確認ください。

比較すると、こんなに安くなる！

　介護保険負担限度額認定が適用された場合、収入状況によって減額の幅がありますが、年間で計算するとかなりの金額になるのがわかります。イメージしやすいよう、特別養護老人ホームへ入居した場合の事例を見ていきましょう。

（例）特別養護老人ホームの「ユニット型個室」へ入居

（※負担限度額「第一段階」の方）

居住費　**基準費用額　1日 2,006円 ➡** 820円

食　費　**基準費用額　1日 1,445円 ➡** 300円

1日 合計3,451円 ➡ 1,120円 （2,331円減額）

　段階に応じた負担限度額を1カ月間（30日）に換算すると、居住費の減額は3万5,580円、食費は3万4,350円、減額の合計は6万9,930円。1年間ではなんと83万9,160円もの費用が軽減されます。金銭的な面を重視するのであれば、介護保険施設の入居と介護保険負担限度額認定の申請はセットで検討しましょう。

NOTE

05

社会福祉法人が利用料を軽減してくれるってホント?

社会福祉法人の助成を利用して負担を軽減できる

　低所得などで生活が困難な方に、介護保険サービスの提供を行う社会福祉法人などが利用者負担を軽減する事業を行っています。利用料の軽減を行う施設を選択すれば、毎月の負担が軽減できて助かりますね。

　この事業は介護事業者の協力が不可欠で、助成費用は市区町村だけでなく介護サービス事業所も負担しています。社会福祉法人の「社会的な役割」として行っている、大変素晴らしい取り組みです（軽減制度の対象となっていない事業所もあります）。

減額の対象となるもの

・介護サービスにかかる利用者負担額（介護費）
・食費
・滞在（宿泊）費及び居住費

　利用者負担額は、原則4分の1軽減されます。老齢福祉年金受給者は2分の1です。交付される利用者負担軽減確認証に記載がありますのでご確認ください。**生活保護受給者は居住費の全額が軽減されます。**

▶対象者

　市町村民税非課税で、以下の条件のすべてを満たす方。申請に基づき、市区町村から認定された方となります。

1. 年間収入が単身世帯で150万円、世帯員が1人増えるごとに50万円を加算した額以下であること
2. 預貯金などの額が単身世帯で350万円、世帯員が1人増えるごとに100万円を加算した額以下であること
3. 日常生活に供する資産以外に活用できる資産がないこと
4. 負担能力のある親族等に扶養されていないこと
5. 介護保険料を滞納していないこと

※その他詳細はお住まいの市区町村ホームページをご覧ください

▶対象となるサービス

● 訪問介護　　　　　　　　　● 通所介護

※○ 短期入所生活介護　　　　　● 定期巡回・随時対応型訪問介護看護

● 夜間対応型訪問介護　　　　※○ 認知症対応型通所介護

※○ 小規模多機能型居宅介護

● 地域密着型介護老人福祉施設入所者生活介護

● 複合型サービス　　　　　　● 介護福祉施設サービス

● 新総合事業の第1号訪問事業のうち介護予防訪問介護に相当する事業・第1号通所事業のうち介護予防通所介護に相当する事業（自己負担割合が保険給付と同様のもの）

※○のサービスは介護予防サービスを含みます

軽減を受けるには？

　お住まいの市区町村（介護保険担当課）にご相談ください。軽減の適用を受けるには、申請の手続きが必要となります。本事業の対象者と認定されると、市区町村より利用者負担軽減確認証が交付されますので、その確認証を介護サービス事業所に提示してください。

新しい取り組みに注目

特養待機者に朗報! 有料老人ホームの費用を補助する市区町村も

特別養護老人ホーム待機者向けの新たなサービス登場

　特別養護老人ホームに入居したくてもなかなか順番が回ってこない、在宅介護も限界でやむを得ず介護付有料老人ホームへ入居している……という方へ朗報です。「介護付有料老人ホームの空床を活用して、特別養護老人ホームの待機者を減らす」という画期的な事業が登場しました。

　目的は、特別養護老人ホームの入所待機者を減らすことです。一時的に介護付有料老人ホームを利用して待機する方に補助金を支給しています。ここでは、全国でも先駆けて取り組みを行った東京都江戸川区の例をご紹介します。

▶江戸川区の実例：特別養護老人ホーム待機者解消対策事業

　特別養護老人ホームと介護付有料老人ホームの居住費の差額2分の1（月額上限7万円）を補助する。

1. 対象者

・区内の特別養護老人ホームに申し込んで入所を待機中の方で、今後介護付有料老人ホーム（区外も可）に入居して待機しようとする方

2.要件など

①区内の特別養護老人ホームに申し込んで「6カ月以上」待機している
②江戸川区の介護保険被保険者

③要介護3以上の方

　　※次の方は対象になりません
・生活保護受給者
・特養からの受け入れを断った方
・区内の特別養護老人ホームに申し込みをしてから6カ月以内に介護付
　有料老人ホームに入居した方
・6カ月以上待機していても、補助金の支給認定を受ける前に介護付有
　料老人ホームに入居した方

　　3. 補助期間
・3年間（入所した月を含め36カ月）

　　4. 介護付有料老人ホームの対象枠
・介護付有料老人ホーム1施設当たり5人まで

　　　　　　　　　　　※「住宅型」有料老人ホームは対象外となります

対象者には市区町村から通知が送られてくる

　東京都江戸川区の場合は、通知が送られるようです。もしご自身が
「対象になるかもしれない」と思われた方は、ご実家の郵便物が放置さ
れていないかを確認するか、市区町村へお問い合わせください。対象者
が入居している介護付有料老人ホームには、入退所状況や居住費につい
ての問い合わせが入ることもあるようです。

　また、もし通知が届いていない場合でも、対象者（補助申請予定者）
に該当すると思われた方は市区町村へ連絡してみてください。

　特別養護老人ホームの待機者への補助を行う市区町村はまだまだ少な
いですが、これを機に後に続く市区町村が出てくると思われます。お住
まいの市区町村ホームページをチェックしてみましょう。

07

忙しくても手続きを忘れちゃダメ！

亡くなったらもらえるお金一覧
落ち着くのは「大切な手続き」が終わってから

亡くなった後に行う大切な手続きがある

　ご家族が病院で亡くなると、長くご遺体を安置できないため、できるだけ早く搬送するよう求められます。その後、病院から死亡診断書を渡されます。自宅や介護施設で看取った場合も同様に、ドクターから死亡診断書を受け取ります。

　そこからあっという間に、通夜・告別式・火葬などをおおよそ1週間程度で進めていくため、亡くなった後は思った以上に忙しいことを頭に入れておきましょう。しかし火葬が終わっても、ほっと一息つくのはちょっと待ってください。実は、亡くなった後に大切な手続きが待っています。

市区町村や金融機関等への手続きの流れ

　亡くなったら「7日以内」に、お住まいの市区町村に死亡診断書の提出が必要です。また、免許証等の返還や、銀行預金や保険証券や電気・ガス・水道・電話各種料金の解約・名義変更など、さまざまな手続きが必要です。

死亡後の手続き早見表

	主な手続き・名称	窓口	期限
死亡時に行う手続き	死亡届（死亡診断書提出）	市区町村	7日以内
	火葬許可申請（火葬許可証提出）		
	国民健康保険資格喪失届		
	埋葬許可届		
	世帯主変更届	市区町村	14日以内
	住民票抹消届		
	介護保険資格喪失届		
	年金受給の停止	年金事務所	
亡くなったらもらえるお金	団体信用生命保険	取引銀行	速やかに
	弔慰金	勤務先	規定による
	未払い給与・退職金		
	児童扶養手当（18歳未満の子がいるひとり親）	市区町村	請求の翌月から支給
	健康保険過誤納付金の手続き		2年
	葬祭費・埋葬費請求手続き		
	高額療養費の還付請求手続き		
	埋葬料・家族埋葬料請求手続き（会社員の場合）	加入の健康保険組合など	
	死亡一時金 （故人が国民年金保険料を3年以上納め、老齢基礎年金・障害基礎年金を両方受け取らなかった場合）	年金事務所	
	死亡保険金	生命保険会社	3年
	遺族基礎年金請求手続き （18歳未満の子どもがいる配偶者と子ども）	年金事務所	5年
	遺族厚生年金（年収850万円未満の妻、子など）		
	寡婦年金 （国民年金を納めた期間が10年以上の夫と、婚姻関係（事実婚含む）が10年以上ある60歳から64歳までの妻） 条件あり		
	未支給年金請求		

その他の手続き

	解約・名義変更が必要	窓口	期限
料金を止める・解約する	預金解約・名義変更	金融機関	※料金がかかるものは速やかに
	株式名義変更	証券会社	
	自動車名義変更・廃車手続き	陸運局	
	固定電話・携帯電話解約	契約会社	
	新聞や雑誌の解約	各店舗	
	運転免許証の返納	警察署など	
	パスポートの返納	パスポートセンター	
	公共料金の解約・名義変更	各店舗	
	所得税の準確定申告	税務署	4カ月以内
	相続税の申告・納付手続き		10カ月以内
	遺言の検認・開封		速やかに
	相続放棄等の申し立て		3カ月以内

　以上、主な手続きをあげました。たくさんの手続き項目をご覧になり不安になられた方もいらっしゃると思いますが、中には業者さんが代行してくれるものもあります。落ち着いて、順を追って手続きを進めましょう。手続きが得意なご兄弟がいれば、お願いして分担することなどもお勧めです。

　介護同様、すべてキーパーソン（主な介護者）が行う必要はありません。ご家族で力を合わせて「最後のケア」をしてあげてください。

08

事前の申請をお忘れなく

杖やシルバーカー、補聴器の 購入前に補助申請を！

杖やシルバーカーの購入費用の一部助成も

　1人で買い物へ行くと足元がふらつく、連続で5分歩けない、転んだことがあるなど、歩行に不安がある方を対象に「杖」や「シルバーカー」の購入費用を一部助成してくれる市区町村があります。ただし、購入する前に申請が必要ですので、お忘れのないように。また、補助対象となる方の要件は市区町村によって異なりますので、申請の際にはお住まいの市区町村へご確認ください。

　補助対象となる方の目安

・60〜65歳以上

・足腰の衰えにより歩行に不安がある

・要支援または要介護認定を受けている

・在宅である

・その他、お住まいの市区町村が必要と認める要件　など

　補助金額の目安

　杖やシルバーカー補助限度額の目安となります。

・杖：3,000〜5,000円程度

・シルバーカー：5,000〜1万9,000円程度

※詳しくは、お住まいの市区町村ホームページなどをご確認ください

市区町村によって、補助は1人1回限りというところもあれば、数年経てば再び補助が受けられるところもあります。また、杖やシルバーカー以外にも、電磁調理器具（IHクッキングヒーター）などの補助を行うところもあり、各市区町村によって特徴があります。

コミュニケーションがとりにくいと感じたら補聴器を

　高齢になるにつれて聴力が低下していきます。知らず知らずのうちにテレビの音が大きくなったり、今まで人との会話に不自由のなかった方でも相手の声が聞き取りづらくなったりすることがあります。

　でも「何度も聞き返すのは悪い」と思い、わかったふりや相づちでごまかすことで会話がさらに噛み合わず、コミュニケーションに支障が出てきます。

　そんなときは補聴器の購入を検討しましょう。お住まいの市区町村が補助をしてくれることがあります。補助を受けるには、補聴器の購入前に市区町村へ申請する必要があります。申請後は領収書や保証書の写しなどを捨てずに保管しておきましょう。

補助対象となる方の目安

・60〜65歳以上の方
・聴覚障害による身体障害者手帳の交付を受けていない方
・住民税非課税あるいは課税でも対象になる市区町村あり
・医師の証明書とオージオグラム（純音聴力検査表。3カ月以内のもの）
・その他市区町村が必要と認める要件　など

補助金額の目安

・2〜13万円程度

※市区町村によって金額に違いがあります

09

ITを使った最前線の介護とは

認知症になっても自宅で暮らしたい！「グッズ・無料サポート」の活用

認知症になったらITや各種サポートの力を借りよう

遠方、あるいは別居の親や家族が認知症になってしまったらどうしますか？　日常生活でのアクシデントはもちろん、出かけた先で迷子になったときなど、ご自身で助けを求めるなどの対応をすることは恐らくできないでしょう。常に誰かの見守りや助けが必要です。

自治体が独自に行う現物支給・サービスの例

徘徊探索サービス費用の助成など	GPSを使った位置情報探索や電話(コールセンター)による24時間365日対応の探索などがある。GPSが示す地図の表示場所などを家族に知らせる。また、民間の事業者が提供するGPS機能探索サービスを利用した場合、費用の一部を助成する市区町村もある(詳しくは自治体へお問い合わせください)
見守り訪問員	認知症などにより、自力での生活に支障をきたすおそれがある方が対象。見守り訪問員の定期訪問による安否確認や、健康状態に変化がないかなどを見てくれる
ヘルパーの派遣	65歳以上の認知症の方などを対象に、介護保険サービスとは別枠でヘルパーを派遣。家事支援や身体介助を利用上限まで利用できる市区町村がある(※一部費用が発生)
防火支援用具購入費助成	65歳以上の1人暮らしや認知症などの方が対象。防火対策として電磁調理器具、電子ケトル、火災報知器などの購入費を一部助成してくれる(※市区町村による)
災害時要援護者登録	要件を満たし登録すると、地域団体の事前訪問があり、避難方法の説明や災害時に安否確認をしてくれる

認知症の方の安全を確保するためには、「人の目」を増やす以外にありません。そこで介護保険サービスだけではなく、市区町村が行う独自のサービス、ITを使った見守りサービスなどを併用して、安全を確保しましょう。

また災害時は遠方からすぐにかけつけることができません。そんなときのために、今からお住まいの市区町村が行う探索サービスや災害時要援護者（災害時に安全な場所へ避難するのに支援が必要な人）登録を行い、いざというときに備えましょう。

災害時要援護者登録とは？

実家の親が独居世帯、あるいは老老夫婦世帯や認知症があるなどの場合、災害時要援護者登録を検討しましょう。災害時、皆さんの代わりに安否確認を行ってくれます。登録申し込み方法は、お住まいの市区町村などへお問い合わせください。また登録対象者となるには要件がありますので、合わせてご確認ください。

1人暮らしや認知症の方の見守りグッズを活用しよう

別居や遠距離で介護を続けるには、地域やご近所の協力だけではなくITの力が必要です。インターネットを使えば、遠隔操作での見守りが可能になります。

①見守りカメラで要介護者の安全を確保する

要介護者を視覚的に見守るなら、本人の同意を得て、見守りカメラを活用しましょう。見守りカメラを設置すれば、室内の様子が自分のスマホで確認できます。購入する際には、カメラが見守れる範囲（90度以上回転するかなど）を確認しましょう。

動体検知機能がついているものを選べば、部屋の出入りや夜間の動きがあったときにメールなどでお知らせがきます。また、玄関に設置すれば「オレオレ詐欺」や「悪質な訪問販売」などの犯罪から要介護者を守ることができます。

②スマートスピーカーで生活自立度を高める

　スマートスピーカーとは、AIが搭載された多機能スピーカーです。音声認識のため、ハンズフリーでスケジュール管理、音楽を聴く、スマートリモコンと連携させればテレビなどの電化製品のオン・オフができきます。

　たとえば要介護者が「エアコンつけて」と声による指示を行うと、エアコンが自動でオンになります。日常生活を見守る手段として、介護者の往復交通費と時間のことを考えれば高くはないでしょう。

③家電を遠隔操作したいならスマートリモコン

　スマートリモコンを活用することで、遠隔にいる介護者のスマホから

さまざまな見守りグッズ

① 見守りカメラ	室内に設置した動体検知機能付きカメラが、要介護者の動きを検知するとスマホへお知らせをしてくれる。ダイニングや玄関など動きを教えてほしい場所に設置すれば、徘徊などの防止にもつながる
② スマート スピーカー	スマートスピーカーをスマートリモコン(③)とつなげば、要介護者がリモコン操作をできなくても、音声でエアコンやテレビや照明などの家電操作が可能(インターネットの接続が必要)。遠方にいる介護者のスマホなどからも家電の操作ができる
③ スマート リモコン	テレビや照明などの家電操作を、スマホやスマートスピーカーで操作を可能にする。「センサー機能」「タイマー機能」を使えば、設定した温度や湿度を超えると自動で作動したり、起床時間に合わせてエアコンやテレビをつけたりすることもできる

要介護者宅のテレビ・エアコン・照明などの家電のオン・オフなどが可能となります。

スマートリモコンは、赤外線通信のリモコンに対応する家電操作が可能です。電気やテレビの消し忘れの防止だけでなく、室内の温度や湿度を設定すればエアコンが自動で起動してくれます。このような便利なグッズを数千円程度から購入できる場合もありますので、ぜひ検討しましょう。

地域の見守り、ボランティアに頼る

認知症の方を守るには、介護サービスだけでなくボランティアや民生委員、地域の事業者などを巻き込み、「地域ぐるみの見守り」体制を整えましょう。そのためには、地域情報誌などにも目を向けてみてください。地域によっては、高齢者見守りボランティアが定期的に高齢者宅を訪問し、安否確認などを行ってくれます。直接家の中に入って行うものだけでなく、家に入らずに玄関先から声をかけたり、郵便物や新聞が溜まっていないかを確認してくれます。また、ゴミ出しのボランティアなど、内容はさまざまです。

高齢者を孤立させない取り組み

見守りだけでなく「話し相手」をしてくれるボランティアもあります。高齢者は人との交流がなくなることで外出の機会が減り、身体機能が衰えていきます。また、生活も不規則になり孤立しがちです。不規則な生活は認知症を発症しやすくすると言われていますので、やはり人との関わりは大切です。

また、人との関わり合いが増えることで、犯罪被害者になる危険性を低めることにつながります。日頃から人との接点を作り、「高齢者本人

だけでなく、外部の人がいる」という状況を作りましょう。犯罪そのものの抑止効果も期待できます。

　人づきあいが面倒と思われる方もいるかもしれませんが、一人暮らしの要介護者の異変にいち早く気づけるのは、介護サービス事業者やケアマネ、そして近くにいるご近所さんです。顔を合わせたら自分から挨拶する、折に触れて顔を出す程度でも良いので、緊急時に連絡をもらえるように人間関係を築きましょう。いかに気にかけてくれる人を増やすかが、認知症の方が在宅を続けるポイントです。

NOTE

10

環境を整えれば笑顔も増える

理美容におむつ支給、寝具乾燥消毒で快適な在宅生活を送ろう

理容師・美容師が自宅を訪問してくれる！

　要介護者が寝たきり、または認知症状でご家族が理美容院へ連れて行くことができなくなってしまったら困りますね。そんなときは、ご自宅に理容師さん、美容師さんが訪問してくれるサービスがあります。**「訪問理美容サービス」**と言って、お住まいの市区町村と契約を交わしている理容師、美容師さんが調髪やカットを行ってくれます。

　申請はお住まいの市区町村窓口です。寝たきりで外出が困難になっても、ご家族はもちろんデイサービスや最低限の通院など、人との交流もあるはず。身なりが整うことで、要介護者の自信と社交性が向上するなど良い効果も期待できます。

　理美容サービスの協力店は市区町村のホームページなどに掲載されていますので、事前予約してからサービスを受けましょう。

支給対象者

・65歳以上で要介護認定を受けており、外出が困難な方　など

※介護度は市区町村によります

支給内容

・年6回前後を限度に理美容サービス券を支給

・カット料金　無料～2,000円程度

※年収などによって料金が異なることがあります。また、施設入所の方は対象外です

おむつの現物支給がある！ 介護費用を節約しよう

　いろいろある介護費用の中でも、意外とかかるのが衛生用品ではないでしょうか。おむつなどの衛生用品にかかる費用は、在宅ではだいたい月額5,000円〜2万円程度のようです。

　月額では数千円とわずかでも、年単位で考えれば少なくとも数万円になります。年金暮らしの世帯にとっては痛い出費です。「おむつの現物支給」「おむつ代の助成」などをしっかり利用し、清潔で快適な在宅介護生活を送りましょう。

支給対象	・65歳以上で失禁のため紙おむつを必要とし、以下に当てはまる方
	・要介護認定を受けている方
	・区が支給するおむつを使用できない病院に入院した方
	・傷病により医師が紙おむつが必要と認めた方
	※介護度などによって、医師が記入した「おむつ使用証明書」が必要になる。
	※市区町村によって異なる

支給内容	現物支給かおむつ代のどちらか一方が支給となる
	・現金支給　　　　　　月額4,000円〜7,000円程度
	・おむつの現物支給　　年額10万円前後（自宅に配送される）
	※市区町村によって異なる

対象外となるケース	・生活保護受給者
	・介護保険施設（特別養護老人ホーム、老人保健施設、介護療養型医療施設もしくは介護医療院）に入所されている方　など
	※申請は市区町村の窓口や地域包括支援センターへ

寝たきり高齢者には「おむつ代」の助成

お住まいの市区町村によっては、寝たきりの状態で数カ月失禁が続き、継続的におむつの使用が必要な方におむつ代を支給しています。

また、入院している方には、紙おむつの支給に代わり、おむつ代を助成してもらえるケースもあります。受給対象者であるかを確認し、該当する場合はすぐに申請をしましょう。**申請した月からの支給開始となり、遡っての支給はできませんのでご注意ください。**

知ってた!? おむつ代も「医療費控除の対象」

さらに、寝たきり高齢者のおむつ代は医療費控除の対象になります。「今まで紙おむつのレシートを捨てていた」という方は、ちょっと待ってください。**医師が書いた「おむつ使用証明書」により、治療に必要な費用であることが明らかであれば、医療費控除の対象となります。**介護費用の節約は長期在宅介護には欠かせませんので、忘れずに行いましょう。

▶要件

傷病によりおおむね6カ月以上に渡り寝たきりの状態で、医師の治療を受けている方が対象です。

▶2年目以降の要件

「おむつ使用証明書」に代えて主治医意見書の写し、もしくは主治医意見書の内容を市区町村が確認した書類の提示でも差し支えありません。要介護認定を受けている方で、おむつ代の控除を受けるのが2年目以降の方は、医師の証明に代わる「確認書」を、お住まいの自治体の役所の介護保険担当窓口で交付できる場合があります。詳しくはお住まいの市区町村へお問い合わせください。

▶申請方法

　確定申告時に、「医療費控除の明細書」または「領収書」とともに医師が発行したおむつ使用証明書が必要です。

医療費控除とは？

　1年間に支払った医療費の世帯合計が10万円を超える場合、またはその年の総所得金額などが200万円未満で医療費が総所得金額の5％を超えた場合、所得税の還付を受けられます。

　領収書の提出は原則不要ですが、5年間の保管が義務付けられています。

（参考）国税庁ホームページ「寝たきりの者のおむつ代」

寝具乾燥消毒・クリーニングの補助

　また、自宅の寝具を乾燥消毒してくれるサービスもあります。対象となる寝具は、敷布団・掛布団・毛布・枕などです。寝たきりで布団を干す機会がない、家族がクリーニングに持っていくことができない世帯にはぜひ使っていただきたいサービスです。

　対象者や支給内容は市区町村によって異なりますが、一度チェックしてみましょう。

▶支給対象者

　寝たきりなどでふとんを干す機会がない、65歳以上で要介護認定を受けている方（介護度の要件は市区町村によって異なる）。ただし、布団を干すことができる同居者がいる場合や病院に長期入院、介護保険施設に入所している方などは対象外です。詳しくはお住まいの市区町村にお問い合わせください。

▶サービス内容

　掛布団、敷布団、毛布、マットレス等の寝具を預かり、乾燥・消毒を行います。あるいは自宅に乾燥車が来て乾燥・消毒を行ってくれます。

・ふとんの乾燥・消毒を年10回程度
・水洗い年2回程度

※料金は無料〜数百円の負担あり
※申請は市区町村の窓口や地域包括支援センターへ

　日常生活を快適に、そして衛生的に過ごせるようにサポートを受けることが大切です。申請方法はお住まいの市区町村のホームページに掲載されています。しっかりチェックしましょう。

NOTE

11

年間で数万円も節約できる

電車や飛行機、公共交通機関の お得な割引をチェックしよう

通いの介護や遠距離介護はますます増加傾向にある

　昭和55年頃の日本は、「3世代世帯」が全体の半数を超えていました。ところが、現代は家族の形も変化をとげ、令和元年では夫婦のみの世帯が一番多く、約3割を占めています。また、**65歳以上の人がいる世帯は全世帯の半分、そのうちの6割は高齢の夫婦のみが2人暮らしという状況**です。こうした背景から、介護の形も時代と共にずいぶんと変化しました。

　在宅介護においても、同居の若い家族が介護をするものばかりではなく、高齢者が高齢者を介護する、あるいは独居の高齢者を別居の家族などが介護する割合も徐々に高くなっています。

（参考）内閣府「令和3年版高齢社会白書（全体版）」

飛行機や新幹線の介護帰省割引サービスを活用しよう

　さて、そんな今どきの介護に合わせ、近年では各公共交通機関がさまざまな割引を展開しています。とくに遠距離介護にかかる交通費の負担が軽くなるよう、支援や割引があることはご存じでしょうか？

　もし親が突然倒れて入院した場合などは、短期的に休暇をとることもできるかもしれません。しかし、定期的に帰省して通院介助や日常生活に必要な買い物、介護サービスを提供する専門職との定期的なミーティングなどに出席しようとすると大変です。介護にかかる時間を確保すると同時に、移動にかかる時間と費用も捻出しなければならないからです。

　そこで定期的にかかる交通費は、できる限り「割引サービス」を利用

しましょう。また、介護割引がなくとも、スカイマーク、ピーチ、ジェットスターなど、基本運賃が安い格安航空会社（LCC）は要チェックです。

各公共交通機関の割引サービス

	割引の名称	割引率	対象者
日本航空 （JAL）	介護帰省 割引	10% （2023年 4月より）	満12歳以上で要介護または要支援認定された方 ・二親等以内の親族 ・配偶者の兄弟姉妹の配偶者 ・子の配偶者の父母
全日本空輸 （ANA）	介護割引	35%前後	満12歳以上で要介護または要支援認定された方 ・二親等以内の親族 ・配偶者の兄弟姉妹の配偶者 ・子の配偶者の父母
ソラシド エア	介護特別 割引	50%前後	要介護または要支援認定された方 ・二親等以内の親族 ・配偶者の兄弟姉妹の配偶者 ・子の配偶者の父母
スター フライヤー	介護割引 運賃	50%前後	満12歳以上で要介護または要支援認定された方 ・二親等以内の親族 ・配偶者の兄弟姉妹の配偶者 ・子の配偶者の父母

※各社の割引率は時期や路線によって異なります。その他、割引に必要な要件などは直接航空会社のサイトをご確認ください

　新幹線を利用するなら、JR東日本の「えきねっと」、会員価格で利用できるJR東海・西日本・九州の「エクスプレス予約」、「e5489」は山陽・九州エリアの特急列車や新幹線・四国エリアの特急列車・北陸新幹線などをお得に利用できます。また**「ジパング倶楽部」は、入会すると日本全国のJRきっぷが割引になります**。平均介護期間を5年とすると、遠距離介護にかかる交通費も大きな負担です。急ぎでない帰省は割引適用の少ないハイシーズンを避けるなど、なるべく節約していきましょう。

12

独居で不安な方はチェックして

高齢者集合住宅（シルバーピア）、公営住宅の優遇入居も見逃せない！

高齢者住宅（シルバーピア）とは

　65歳以上の方に対して住まいの支援があることをご存じでしょうか？　**高齢者集合住宅（シルバーピア）とは、住宅に困っている高齢者に対し、都道府県や市区町村が民間から借り上げたアパートを提供してくれるというものです。**高齢者に必要な設備を備えた集合住宅で、すべて抽選ですが、定期的に募集があります（具体的な募集期間はお住まいの都道府県にお問い合わせください）。

　年金暮らしになり今のアパートには住み続けられない、独居で不安という方には、ぜひ知っておいてほしい情報の一つです。シルバーピアには「単身者向け」と「2人世帯向け」などがあり、それぞれに住居要件があります。

　　入居資格の概要

・今お住まいの市区町村に3年以上居住している方

・65歳以上の単身者または2世帯（同居者は60歳以上、二親等内の親族か配偶者と1年以上世帯を構成している期間があること）

・住宅に困っていること

・独立して日常生活が営めること

・申込者または同居親族が暴力団でないこと

・世帯を構成する者が独立して健康的な日常生活を営むことができること　など　　　※詳しくはお住まいの市区町村ホームページをご覧ください

▶住みやすい設備が完備

手すりや緊急通報の装置、福祉対応型エレベーターなど、高齢者が安全に暮らせるよう配慮した設備が揃っています。また、各部屋にはガス漏れ警報機受信盤、自動火災報知器受信盤などが設置されています。

▶生活協力員（ワーデン）の存在

生活協力員（ワーデン）または生活援助員（ライフサポートアドバイザー）が団地内に居住あるいは通勤し、入居者の安否確認や緊急時の対応などを行ってくれるので、高齢世帯には安心です。

▶所得基準

所得基準があります。居住する人の年齢や人数によって所得区分が異なりますので、市区町村のホームページや窓口にてご確認ください。

所得基準表

家族人数	所得区分（*）	
	一般区分	特別区分
1人	0円〜189万6,000円	0円〜256万8,000円
2人	0円〜227万6,000円	0円〜294万8,000円
3人	0円〜265万6,000円	0円〜332万8,000円
4人	0円〜303万6,000円	0円〜370万8,000円
5人	0円〜341万6,000円	0円〜408万8,000円
6人	0円〜379万6,000円	0円〜446万8,000円

※家族人数が7人以上の場合は、1人増えるごとに38万円を加算

▶使用料

世帯の所得や部屋の広さなどに応じて決定しますが、おおむね1万〜5万円程度が目安です。　（参考）墨田区ホームページ「シルバーピア・高齢者個室借上げ住宅」

家賃を下げたいなら「公営住宅」も見逃せない

　家賃が安く、人気のある公営住宅。住み替えたいけど、「どうせ公募に当選しない」「倍率が高い」と諦めてしまうのは早いかもしれません。住宅に困窮している高齢者や低額所得者などに、募集・選考を優先的に扱ってくれる仕組みがあります。

　優遇抽選とは、一定の要件に当てはまれば都営住宅の当選確率が高くなる仕組みです。この制度は、ご自身で優遇抽選に当てはまっているかを確認し、「優遇抽選」の枠で申し込みをしなければ適用されません。

　優先入居の方法は、「倍率優遇方式」「戸数枠設定方式」「ポイント方式」などがあります。以下の倍率優遇方式の仕組みをご参照ください。

▶倍率優遇方式

　優遇倍率は、市区町村によって異なりますので、応募前に確認しましょう（市区町村と国が適当とする優先入居対象世帯は同じではありません）。

　優遇抽選枠で当選した場合でも、審査のとき優遇資格に当てはまらないことがわかった場合は、一般の入居資格があっても失格となるようですのでご注意ください。

※資格要件の詳細はお住まいの市区町村のホームページをご確認ください

優遇の資格

・1人親世帯（父子・母子世帯）

・高齢者世帯

（申込者が60歳以上で、同居親族全員が次のいずれかに当てはまる）

　＊配偶者（内縁、婚約者含む）

　＊おおむね60歳以上申込時57歳以上

　＊18歳未満の児童

- ・心身障害者世帯
- ・多子世帯（18歳未満の児童3人以上と同居）
- ・生活保護または中国残留孤児邦人支援給付受給世帯
- ・準多子世帯（18歳未満の児童2人以上と同居）
- ・身体障害者世帯及び原爆被爆者
- ・犯罪被害者、DV被害者世帯
- ・難病患者等、公害病認定患者
- ・三世帯同居（小学校就学前の児童のいる子世帯とその親世帯が同居）

NOTE

13

家族と気兼ねなく出かけられる

福祉タクシー券、福祉車両レンタルを使えばもっと外出できる

福祉タクシー乗車券（利用券）

　介護費用の中でも意外とかかるのが交通費。長い距離を歩けない、車いすでの移動が必要な方にとって、バスや電車などの公共交通機関の利用はなかなか難しいでしょう。

　そんな高齢者や要介護者の方々に、「福祉タクシー乗車券」の交付あるいは福祉タクシー利用時に助成をして、乗車料金の一部を負担してくれる制度があります。

　利用できるのは、お住まいの市区町村と協定を交わしているタクシー会社など。助成の内容や要件は市区町村によって異なりますが、要介護者の費用を軽減し、外出の促進を図るための仕組みですので、積極的に活用しましょう。

対象者（目安）

・65歳以上で在宅の方

・要支援認定および要介護認定を受けている方（※市区町村による）

・介護タクシーなどを利用しなければ医療機関への通院などが困難な方

　※障害者福祉タクシー券を利用できる方、自動車燃料費助成を受けている方、施設に入所（特別養護老人ホーム、老人保健施設など）している方は対象外です

助成額（目安）

・市と協定を結んでいるタクシー会社を利用した場合に、1回あたり500円～1,000円程度の助成

　※乗車する際、福祉タクシー利用券と介護保険被保険者証の提示が必要です

- タクシー利用券の交付枚数は10枚〜150枚以上とさまざま

  ※1回の乗車で利用できる券は1枚のみ、あるいは数枚まで利用できる市区町村もありますので、交付を受ける際に確認してください

利用できる用途

- 病院の入退院や通院
- 買い物や行楽など
- ショートステイや施設見学
- 施設入所時の移動

  ※入院中や、入所施設を退所するときには利用できないとする市区町村もあります。利用前にはしっかり用途についての定めがあるか確認しましょう

  (参考) 千葉県四街道市ホームページ「福祉タクシー利用助成」

車いす移送用自動車貸出し

　家族と一緒に旅行や外出したいけれど、車いすで移動が難しい、通院や買い物へ行けなくて困っているという方のために、社会福祉協議会などが車いすのまま乗車できるスロープ付き福祉車両を貸し出しています。

　福祉車両を借りることにより、車いすの方もご家族と一緒に行楽や社会参加をすることができます。介護タクシーを利用するより費用を軽減することができるだけでなく、家族の運転で気兼ねなく外出できるため、高齢者の外出の機会も増えるでしょう。

　在宅介護を楽しく乗りきるには、外の空気を吸ってお互いに気分転換することも大切です。

利用できる方の目安

- 車いすを利用しなければ移動が困難な方
- 寝たきりなど、介助なしでは移動が困難な方

利用者負担や利用回数など

・レンタル料：無料
・年会費：無料～数千円
・乗車定員：3～4名
・移動にかかった燃料費：実費相当
・利用回数：1カ月に1～4日程度

利用手続き方法

・社会福祉協議会へ利用申込書を提出
・運転者の「運転免許証」写しの提出など

※上記は目安です。詳細はお住まいの社会福祉協議会へお尋ねください。

（参考）社会福祉法人いわき市社会福祉協議会ホームページ、社会福祉法人西尾市社会福祉協議会ホームページ

NOTE

14

助かるサービスがきっと見つかる

市区町村が行うサービスの活用

65歳以上や要介護者へのサービス

　各市区町村では主に65歳以上の方を対象に、日常生活におけるさまざまな支援を行っています。中には、要介護認定を受けていなくても介護保険サービスとは別に使えるサービスもあります。

　サービスの内容や対象者は市区町村によって異なりますが、それぞれの自治体で実施されているサービスの例を一覧にしましたのでご確認ください。

対象者（目安）

・65歳以上で在宅の方
・1人暮らしあるいは65歳以上のみの世帯　　など

※要介護度により利用できるサービスや回数が異なります

市区町村が行うサービス例のまとめ

配食サービス	普通食、きざみ、おかゆなど希望に応じてもらえる（1食500円前後）
民間緊急通報システム	万一のときにボタンを押すと受付センターへ通報が届き、救急訓練を受けた警備員などが駆けつける。月1の安否確認なども行う
家事支援	日常的な家事援助サービスを有料で提供。シルバーセンターなど、さまざまな団体が行う家事支援（調理、買物、掃除、洗濯など）

外出支援サービス	一般の交通機関の利用が困難な方を対象に、車いす用のリフト付き移送車を貸出し(自己負担・利用回数制限あり)
介護用品の支給	紙おむつや尿取りパッド、防水シーツ等の支給(自己負担あり)
訪問理美容サービス	外出困難な高齢者等の自宅で、髪のカットなど理容・美容サービスを提供(自己負担あり)
寝具乾燥消毒・クリーニングサービス	寝たきりや独居などで寝具の洗濯乾燥などが困難な方に、寝具の洗濯乾燥消毒を行う。寝具乾燥消毒車で自宅を訪問する場合と寝具を預かる場合がある(自己負担あり)
位置情報サービス(徘徊者探知)	GPS機能のある端末を認知症のある人が携帯し、徘徊などの際に位置情報を知らせるサービス
介護教室、体操など	介護者が介護に関する知識や技術を学ぶため、あるいは介護予防のために開催
杖やシルバーカー、浴室用滑り止めなどの給付	在宅で、歩行や入浴に支障があり転倒などの不安がある方を対象に、杖やシルバーカー、浴室用滑り止めマットなどを給付(自己負担あり)

※すべての市区町村が実施しているわけではありません。対象者や要件については、お住まいの市区町村へお尋ねください

第4章

介護者の9割が知らない！
医療・年金・税金の「救済制度」

虐待かな？と思ったら通報を！

高齢者を権利侵害から守る

権利侵害にさらされやすい高齢者と介護者を守る

　人は高齢になると、判断力の低下や相談相手がいないことなどにより、権利侵害が起こりやすくなります。また、介護の負担が増すと、さらにそのリスクが高まります。

　そのため、高齢者虐待防止法・養護者支援法（高齢者虐待の防止、高齢者の養護者に対する支援等に関する法律）では、孤立しがちな高齢者と養護者（介護者）に必要なサポートを行っています。高齢者や養護者保護のため、虐待を見つけたら通報するよう広く協力を求めています。

高齢者虐待の通報先
・市区町村、地域包括支援センター

　「高齢者が虐待を受けているのでは？」と疑われる場合、通報の段階では本人の承諾がなくても通報することができます。

　また、「自身で虐待しているという自覚があるのに、止められない」などの悩みも地域包括支援センターなどへ相談することができます。高齢者だけでなく、負担を抱えすぎてキャパオーバーした介護者を保護するための措置がとられます。

高齢者虐待の種類と具体例

主な種類	具体例
身体的虐待	身体に傷やアザ・痛みを与える行為、外部との接触を意図的継続的に遮断する行為など 〈平手打ち、つねる、殴る、蹴る、身体拘束など〉
介護・世話の放棄・放任（ネグレクト）	必要な介護サービスの利用を妨げる、世話をしないなどにより、高齢者の生活環境や身体・精神的状態を悪化させること 〈異臭がする、髪が伸び放題、脱水症状や栄養失調の状態、必要とする介護・医療サービスを理由なく制限するなど〉
心理的虐待	脅しや侮辱などの言葉や態度、無視、嫌がらせなどによって精神的に苦痛を与えること 〈排泄の失敗等を嘲笑する、恥をかかせる、怒鳴る、子どものように扱う、意図的に無視するなど〉
性的虐待	高齢者にわいせつな行為をすること、またはわいせつな行為をさせること 〈下半身を裸にして放置する、キス、性器への接触、セックスを強要するなど〉
経済的虐待	高齢者の財産を不当に処分する、高齢者から不当に財産上の利益を得るなど 〈日常生活に必要な金銭を渡さない、使わせない、本人の自宅等を本人に無断で売却する、年金や預貯金を勝手に使うなど〉

振り込め詐欺被害者の約8割が60歳以上

　高齢者虐待だけでなく、高齢者が犯罪被害者になるケースもあります。

　高齢社会白書によると、振り込め詐欺被害者の約8割が60歳以上、70歳以上の消費トラブル相談は約23万件となっています。

　高齢者がこうした犯罪や権利侵害にあわないためには、家族だけでなく介護の専門職、地域の目など、多くの人との関わりが不可欠です。

さまざまな犯罪

犯罪の種類	具体例など	通報先と対策
悪徳商法	一般消費者を対象に組織的に行われる商取引。悪質業者が高齢者宅などを訪問し、虚偽の内容を告げて家の修理や物の購入をせまり、金をだまし取る	・消費生活センター ・消費者ホットライン （クーリング・オフなどを申し出る）
特殊詐欺	オレオレ詐欺・キャッシュカード詐欺・還付金詐欺をはじめとする特殊詐欺は、60代以上の女性が主な被害層で全体の7割を占める。社会全体の連帯意識を高め、犯罪防止対策が求められる	・警察 ・金融機関と連携した声かけ ・ポスター掲示など
ひったくり	窃盗犯について、高齢者の被害割合は増加傾向にある。ひったくりは30.1%、すりが10.4%。高齢者を狙ったひったくりは12時～20時の時間帯が最も多く、街頭の広報啓発活動を行っている（令和元年）	・警察 ・犯罪防止教室 ・広報啓発活動など

（参考）警察庁

02

助けて！悪質商法にひっかかったらどうしたらいい？

より巧妙に、悪質になっている

　全国の消費生活センターに寄せられる相談件数のうち、全体の3割を占めるのが65歳以上の高齢者からのものです。悪質業者は、高齢者の孤独や淋しさ、不安を巧みに利用し、親切にして信用させることでお金を引き出させます。

　被害が拡大しないよう、東京都では高齢者に悪質商法の注意喚起を行うリーフレットなどを配布。運送事業や配食事業者など、各ご家庭に伺う事業者がリーフレットを届けるなどの試みをしています。

「あなただけ」「絶対に儲かる！」には要注意

　高齢者を狙った詐欺やトラブルにあわないよう、悪質業者の手口を事前に知っておくことがとても大切です。最近では特にさまざまなタイプの詐欺があります。怪しい勧誘には、くれぐれも注意しましょう。

　商品を申し込んだ覚えがなく、購入するつもりもなければ、まずはきっぱり断りましょう。**もしキャンセルしようとしても電話がつながらなかったり、悪質業者だと気づいたりしたときは、8日以内ならクーリング・オフ（キャンセル）ができます。**相談先はお住まいの自治体の消費生活センターなどです。

悪徳商法の例

悪質商法の種類	具体例と対策
訪問販売・点検商法など	悪質業者が突然高齢者宅等を訪問し、虚偽の内容を告げて家の修理や物の購入をせまって金をだまし取る 〈対策：契約する前に複数見積もりを取るか、家族や知人に相談するなど慎重な対応をする〉
電話勧誘販売	高齢者の自宅に電話し、商品やサービスを販売する手口。その際に身分を偽る、強引な勧誘や虚偽の説明をしてくる。また「新型コロナウイルスの影響で収入が減って困っている」と同情をひいたり、承諾していないのに一方的に商品が届いたりするなど、送り付けトラブルの事例もある 〈対策：8日以内であればクーリング・オフできる〉
通販トラブル	申し込んだ覚えがないのに、強引に一方的に商品を送りつけられるなど。受け取った以上、購入しなければならないと勘違いして支払うことを狙った商法 〈対策：商品の受け取りを拒否し、代金を支払わない。トラブルにあったら、すぐに消費生活センターに相談する〉
迷惑メール	心当たりのないアドレスから不審なメールが入届く。内容は「1億円当たったので、受け取るために送金手数料を10万円支払ってください」という虚偽など 〈対策：不審なメールを受け取っても反応しない。心当たりがないアドレスからのメールは安易に信用しない〉

相談先

●消費者ホットライン：局番なし188

（最寄りの市区町村や都道府県の消費生活センターなどを案内）

　月～土　午前9時～午後5時（土日祝日は休み）

●平日バックアップ相談：03-3446-1623

最寄りの相談窓口に電話がつながらない場合

10時～12時、13時～16時（土日祝日、年末年始を除く）

●東京都消費生活総合センター：03-3235-1155

金銭や通帳の管理を代行

通帳の置き場所を忘れたり、日常の金銭管理ができなくなったら

日常生活自立支援事業

　高齢になると物忘れや認知症などにより、物やお金の管理が難しくなってくることがあります。具体的には、病院に行こうとしたら保険証が見つからない、介護保険証の保管場所がわからないなど、さまざまなシーンで困りごとが起きます。ご自身に忘れているという自覚がないと、物がないことを家族のせいにしたり、ケアに入るヘルパーを疑ったりするなど、トラブルになることもあります。

　日常生活自立支援事業では、金銭管理の他、預金通帳や印鑑などの重要物の管理などをしてくれます。また、定期訪問により、利用者の生活の変化について察知していくという役割も期待されています。窓口は市区町村の社会福祉協議会です。

▶対象となる方

　判断能力が不十分な方、日常生活に必要なサービス利用における判断、理解、意思表示を行うのに不安がある方です。ただし、日常生活自立支援事業の内容について理解・判断できると認められる方が対象です。

・認知症の高齢者
・知的障害者
・精神障害者　など

▶具体的な援助の内容

①福祉サービスの利用援助

・福祉サービスの利用に関する情報の提供・相談、契約のお手伝い、苦情解決制度の利用手続きの援助

・郵便物の確認、住宅改造や居住家屋の賃借に関する情報提供・相談、商品購入に関する簡易な苦情処理制度（クーリング・オフ制度など）の利用手続き

・住民票の届け出などの行政手続き・苦情解決制度の利用援助

・住宅改造、居住家屋の貸借、日常生活上の消費契約及び住民票の届出等の行政手続に関する援助

②日常的金銭管理サービス

・福祉サービスや医療費の利用料金、税金や保険料、公共料金、家賃の支払い手続き、年金や福祉手当の受領に必要な手続き

③ 書類等預かりサービス

・年金証書、預貯金通帳、権利証、実印などの書類預かり

利用までの流れ

利用を希望する方は、まず社会福祉協議会などに相談します。専門員は困りごとや悩みの相談、生活支援員は、支援計画に沿ったサポートを行うため定期的に自宅を訪問してくれます。

専門員がアセスメント。対象者であることが認められる → 支援計画を作成。それに合意すれば契約が結ばれる → 生活支援員が計画をもとに定期訪問を行う

▶利用料

訪問1回あたりの利用料の平均は1,200円程度です。契約前の初期相談や、生活保護受給世帯は無料となります。詳しくは、社会福祉協議会へお尋ねください。

（参考）厚生労働省

NOTE

_____

_____

_____

_____

_____

_____

_____

_____

悪徳商法から身を守る

不安が消える! 安心して
暮らしていくための成年後見制度

1人でも安心して暮らすために

「よくわからずに、いらないものを買わされてしまった」「いろいろな手続きが難しく理解できない」など、生活する上で不安を抱えて暮らしている高齢者も多いはずです。

　成年後見制度とは、認知症などにより、1人でさまざまな契約や手続きをすることに不安がある人をサポートする制度です。ご本人の意思決定（尊厳）を支援し、よくわからないまま不利益な契約をしてしまわないよう契約時に一緒に考えてくれたり、悪質商法などの被害にあわないように保護してくれる制度です。

成年後見人になる人とは

　成年後見人は、ご本人に代わって預貯金をはじめとした財産の管理、入院や介護サービス利用契約などの契約行為を行います。成年後見人になる人は、ご本人の家族や親せき、福祉や法律の専門家（社会福祉士・司法書士・弁護士）から選ばれます。

　誰がなるのかは、ご本人の希望や暮らしの様子を確認した上で、家庭裁判所が決定します。

成年後見人に依頼できること
・介護、福祉の手続きや契約

・よくわからずにしてしまった契約の取消し

・保険料や税金の支払い、お金の出し入れ

・定期訪問などによる生活状況の確認　など

成年後見人に依頼できないこと

・日用品の買い物

・食事作りや掃除、介護

・毎日のように来てもらう、話し相手になってもらう　など

　法定後見制度はご本人の判断能力の状態に応じて、**後見・保佐・補助**に分かれています。

法定後見制度の後見・保佐・補助

法定後見	対象者	サポートの範囲
補助	だいたいのことは自分で判断できるが、難しい手続きや契約について1人で決めることに不安がある方	一部の限られた手続・契約などを一緒に決めてもらう、あるいは代行、取消など
保佐	簡単なことは自分で判断できるが、重要な手続きや契約については援助が必要な方	財産にかかわる重要な手続き・契約などを一緒に決めてもらう、あるいは代行、取消など
後見	多くの手続き・契約などのほとんどを1人で決めることができない方	財産に関するすべての法行為や契約などの代行・取消など

利用までの流れ

　地域包括支援センターや社会福祉協議会、成年後見センターや市区町村窓口へご相談ください。申請書類をご本人の居住地を管轄する家庭裁判所に申し立てます。その後、本人への面接や状況調査などを行います。

成年後見人になる人は、ご本人の希望する人が選ばれる場合もありますが、専門家から選ばれることもあります。申し立てから利用開始までには早くて1〜2カ月、遅くとも4カ月以内が目安です。

任意後見制度

　成年後見制度は、**法定後見制度**と**任意後見制度**に分かれています。

　法定後見制度は、本人の判断能力が低下してから、本人や親族が裁判所に申し立てることによって始まります。

　任意後見制度は、本人に十分な判断能力があるうちに、あらかじめ自分が選んだ代理人（任意後見人）に、自分の判断能力が不十分になったとき、生活や療養看護、財産管理などの代理権を与えるという契約です。

（参考）厚生労働省「自分ひとりではよくわからない!?」、社会福祉法人横浜市社会福祉協議会／横浜生活あんしんセンターホームページ、公益社団法人 福岡県社会福祉士会

成年後見制度を途中でやめることはできない

　成年後見制度は、一度利用を開始すると途中でやめることができません。本人が安心して暮らせる環境が崩れてしまうためです。利用する際は、「成年後見制度は途中でやめることができない」ということを理解した上で申請しましょう。ただし、医師の診断書で障害や認知症状などの回復が認められる場合は取消ができます。

未納のままにせず相談を

知ってた？ 低所得者には 保険料の軽減措置がある

国民健康保険料が払えず病院に行けない！

　国民健康保険などの保険料を払えず通院できなかったり、体調が悪いのに我慢して、持病を悪化させてしまっている方はいませんか？

世帯の所得が一定の基準を下回る場合は、所得に応じて保険料の均等

所得基準による軽減措置

減額割合	世帯の総所得金額等	軽減される金額	軽減後の均等割額（年額）
7割	市区町村税課税所得43万円 ＋ 10万円 ×（給与・年金所得者等の数－1） 以下	3万170円	1万2,930円
5割	市区町村税課税所得43万円 ＋ 28.5万円 × 被保険者 ＋ 10万円 ×（給与・年金所得者等の数－1） 以下	2万1,550円	2万1,550円
2割	市区町村税課税所得43万円 ＋ 52万円×被保険者 ＋ 10万円×（給与・年金所得者等の数－1） 以下	8,620円	3万4,480円

※令和5年2月時点。
（参照）神奈川県後期高齢者医療広域連合ホームページ「保険料の軽減」、
　　　　宮城県ホームページ「保険料（税）が減額されるのはどんなとき？」

割額・平等割額を軽減してもらうことができます。経済的に苦しいとはいえ、保険料を納めず延滞していると医療費が全額自己負担となってしまいます。未納をそのままにせず、お住まいの市区町村へ相談しましょう。

　同じ世帯の被保険者と世帯主の前年の総所得金額等を合計した額が、141ページの表に当てはまる場合は均等割額が軽減されます。**ただし申告しないと、世帯の総所得金額が要件を満たしていても適用になりません**。その他の要件は窓口でご確認ください。

倒産や解雇などで職を失ったら？

　事業倒産や解雇または雇い止めをされた方には、一定期間、国民健康保険料の負担を軽減してくれる制度があります。保険料の軽減を受けるには市区町村へ申請が必要です。

倒産・解雇・雇い止めなどで退職した方への軽減
　以下のすべてに当てはまる方が対象
①倒産・解雇・雇い止めなどにより退職された方
②退職時65歳未満の方
③退職時に雇用保険受給資格者証の交付を受け、記載されている離職理由が①に該当する方

保険料の緩和
前年の給与所得を「100分の30」とみなして保険料を計算。

軽減期間
離職の翌日から翌年度末までの期間。

後期高齢者医療制度へ移行した方がいる場合の軽減措置

　国民健康保険から後期高齢者医療制度へ移行することで、国民健康保険の方が1人になってしまった世帯については、最初の5年間は2分の1を減額、その後の3年間は4分の1を減額されます。申請は不要です。

　ただし、すでに保険料（税）の7割（6割）・5割軽減措置を受けている人は対象となりません。

　※平成31年度からは、国保に加入した月から2年を経過するまでの間のみが減免対象。

生活が一時的に困難になってしまったとき

　災害や病気、その他の事情で生活が困難になってしまった場合は、申請等により保険料（税）が減免されることがあります。お住まいの市区町村へ相談してみましょう。

（参考）東京都中央区ホームページ「国民健康保険料の軽減・減免」

失業中や病気の方も申請できる

診療費無料の病院も！
健康保険未加入でもガマンしないで

治療を中断しないで！ 無料低額診療の存在

　無料低額診療事業とは、一部の病院・診療所が生活困窮者などに無料または低額で診療を行う事業です。経済的に苦しいことを医療機関に言えず、必要な通院や検査を受けられずにいる方がいたらぜひ相談してほしい制度です。

　無料低額診療を受けるには、患者から病院への申し出あるいは生活困窮を知った医療相談員が本人から生活状況のヒアリングなどをして、都道府県へ届け出を行います。

どんな人が減免の対象になるの？

対象者	低所得者・要介護者・ホームレス・DV被害者・人身取引被害者などの生活困難者
診療費の減免	世帯の収入に応じて診療費の10％以上または全額が減免される ※医療機関によって世帯収入などの基準が異なる可能性がある
減免の対象外	院外処方箋による薬代、介護費用など
対象になり得るケース	・医療費を支払うと生活が困難になる ・病気や障害により仕事ができず医療費の支払いが困難 ・失業などで収入を失い医療費の支払いが困難など

無料低額診療の対象となった場合、窓口負担は全額免除か一部免除となります。条件などは医療機関によって異なるようですが、**この制度が利用できるのは基本的に収入が一定の生活水準を満たすまでの間となり**ます。失業や病気などにより支払いをすると生活が困窮してしまう場合は、減免の対象になる可能性があります。

利用までの流れ

1	社会福祉協議会、福祉事務所または無料低額診療事業を実施している診療施設へ問い合わせる
2	医療機関で専門相談員に世帯収入などについて相談する
3	減免の対象となった場合は、申請書と所得状況を証明できるもの(源泉徴収票、課税証明書、給与明細等)などを提出する ※詳しくは医療機関へ要確認
4	減免可否の決定通知書が届いたら診療費の減免開始

(参考) 大阪府ホームページ「無料低額診療事業について」

セーフティーネットとしての役割

　こうした無料低額診療事業を行う施設は、全国に約700カ所あります。お住まいの都道府県ホームページなどで、実施している施設をご確認ください。また、無料低額診療事業は減免だけでなく、次のさまざまな役割も果たしています。

無料低額診療事業の役割

①生活困窮者に対し、診療費や減免等による経済的な支援

②生活困窮者が持つ多様な問題点に着目し、医療施設の立場から福祉制度につなぎ生活課題の支援を行う

③地域の福祉ニーズへの対応　など

（参考）全国福祉医療施設協議会ホームページ「無料低額診療事業」

医療機関としての義務

①生計困難者を対象とする診療費の減免方法を明示すること

②医療・生活の相談に応じられるよう医療ソーシャル・ワーカーを置くこと

③生計困難者を対象とし、定期的に無料の健康相談、保健教育などを行うこと　など

07

生活保護の仕組みをわかりやすく

収入がなく
生活できないとき

収入がなく身寄りもない、生活に困窮する人を保護

　年金では生活できない、預金も生活費として使ってしまい困窮しているなど、**国の定めた保護基準（最低生活費）に満たない方に対して保護費を支給し、自立した生活をできるよう援助するのが生活保護制度です。**

　支給されるのは、国の定めた保護基準（最低生活費）に不足する金額です。収入が基準を超えたときは、生活保護を受けることはできません。

▶扶養義務者の扶養について

　親・子・兄弟姉妹などの親族による扶養は、生活保護に優先します。**ただし、親族が扶養しないことを理由に生活保護が受けられないことはありません。**また、扶養が期待できないと判断される親族については、直接の照会を行うことはありません。

支給額はどうやって決まるの？

　支給される保護額の算出は、まずお住まいの地域の等級にあてはめ、収入や年齢、家族構成によって「最低生活費」を確認します。詳しくは福祉事務所の生活相談課へお問い合わせください。

　148ページの表は、生活扶助基準（食費・被服・水道光熱費など）の例です。生活保護法には8つの種類があり、「生活扶助」のほかに、「住宅扶助」「医療扶助」などがあります（152ページをご参照ください）。

生活扶助基準額の例（令和5年10月現在）

	東京都区部等	地方郡部等
3人世帯 （33歳、29歳、4歳）	16万4,860円	14万5,870円
高齢者単身世帯 （68歳）	7万7,980円	6万8,450円
高齢者夫婦世帯 （68歳、65歳）	12万2,470円	10万8,720円
母子世帯 （30歳、4歳、2歳）	19万6,220円	17万4,800円

※児童養育加算などを含む。
（参考）厚生労働省「社会・援護局関係主管課長会議資料（令和5年3月）」

保護を受ける人の権利とは？

1. すでに決定された保護は、正当な理由がなく止められたり、減らされたりすることはありません。
2. すでに支給された保護の金品または保護の金品を受け取る権利は、差し押さえられることはありません。
3. 保護の金品には税金などがかかることはありません。
4. 保護の決定に不服があるときは、処分があったことを知った日の翌日から起算して3カ月以内に審査請求をすることができます。

保護を受ける人の義務

保護を受けた方は次の項目を守らなくてはなりません。
1. 保護を受ける権利は、他人に譲り渡すことはできません。
2. 年齢や体力に応じて、働くことが求められます。
3. 支出を節約し、生活の維持、向上に努めてください。

4．家賃や学校に納めるべきお金を滞納してはいけません。

5．次のようなことが生じた場合は、速やかに届け出または申請をしてください。

　①働いて収入を得た場合

　②就職したり、仕事をする場所が変わったりした場合

　③年金を受給している場合や新たに年金を受給する場合

　　（①③以外の収入については、収入のあった際に速やかにその内容を申告してください）

　④世帯の中で、転入や転出など異動があった場合

　　例：住宅契約の更新、入院・退院する場合、病気やケガで医療機関に通院する場合、通院を終了する場合

6．福祉事務所の指導を守らないときは、保護の変更、停止、または廃止をすることがあります。

08

申請後14日以内に決定

申請と保護開始までの流れを知りたい

生活保護の相談・申請はどこでするの？

　生活保護制度の申請はお住まいの福祉事務所にご相談ください。保護の申請がなされると、世帯の生活状況を具体的に知るために、地区担当員（ケースワーカー）が家庭訪問をします。生活保護を決定するために必要な内容を聞かれますので、包み隠さず答えましょう。保護の決定は、申請後14日以内（特別な事情がある場合は30日以内）です。

▶申請できる人

　本人、扶養義務者（親・子・兄弟姉妹など）、同居の親族が行います。

申請までの流れ

相談	・困りごとについて、地区担当員（ケースワーカー）に相談 ・生活保護の仕組みや社会保障制度について説明してくれる
申請	・保護申請書と必要な書類を提出 　（同意書・収入申告書・資産申告書・預金通帳写しなど）
調査	・地区担当員（ケースワーカー）による調査 ・生活状況の把握（家庭訪問）、預貯金・保険・不動産などの 　資産状況調査、年金・手当などの給付調査や扶養義務者の調査など
決定	・保護が受けられる場合は「保護決定通知書」が届く 　通知は原則14日以内に行われる 　（調査に時間がかかるなど特別な理由がある場合は最長30日）

本人の成年後見人による申請も可能です。

地区担当員ってどんな人？

　福祉事務所には地域ごとに地区担当員（ケースワーカー）がいます。地区担当員は、家庭訪問などを通じて保護を受給される方の生活環境を知るために家庭訪問を行い、自立した生活ができるようにするための支援を行います。個人の秘密は厳守されます。

生活保護を受けるには

　生活保護を受けるには、まず利用できる資産や能力、その他の制度を活用することが必要です。

資産・能力・他制度の活用

資産の活用	現金、預貯金、不動産、自動車、バイク、有価証券、貴金属などの資産は、活用あるいは処分し、生活の維持に充てる必要がある
能力の活用	世帯の中で働くことが可能な人は、その能力に応じて働く必要がある。保護開始後も、働いて収入を得る努力をする必要がある
他の制度活用	年金や手当など、他の制度からの給付を受けることができる場合には、まずそれらを活用する必要がある。保護開始後も、他制度の給付のための手続きが必要

また、世帯の収入となるものは次の通りです。

収入とは	給与・賞与などの勤労収入、農業収入、自営業収入、年金、仕送り、贈与、不動産などの財産による収入、国や自治体から受けた手当、財産を処分して得た収入、保険給付金、その他の臨時的収入など ※勤労収入の場合、税金、社会保険料、交通費の実費の控除や収入額に応じた基礎控除などが適用される

（参考）東京都福祉局ホームページ「生活保護制度とはどんな制度ですか。」

09

生活保護で支給される
「生活に必要な経費」とは?

保護の種類は「8つ」

生活保護には、以下のような扶助があります。

8つの扶助

1. 生活扶助	食べるもの、着るもの、光熱水費など、日常の暮らしに必要な費用
2. 住宅扶助	家賃、間代、地代など、住むために必要な費用 (共益費などは生活扶助に含まれる)
3. 教育扶助	義務教育を受ける上で必要となる費用 (学級費、生徒会費、PTA会費、教材費、給食費など)
4. 医療扶助	病気やケガの治療や療養のために医療機関に支払う費用など (治療として真に必要とする治療材料を含む)
5. 介護扶助	介護保険サービス利用で必要となる費用 (※本人負担なし)
6. 出産扶助	分べんなどに要する費用 (定められた範囲で実費を支給)
7. 生業扶助	生計を維持するための小規模な事業に必要となる費用や技能を修得するための費用を、定められた範囲で実費支給
8. 葬祭扶助	葬儀に必要な費用を、定められた範囲で実費支給 (親族が葬儀を行うことができる場合や、葬儀後の申請、基準額を超える葬儀費用については、原則支給不可)

(参考) 厚生労働省ホームページ「生活保護制度」

その他支給される保護費

・住宅の契約更新料、補修費用

・おむつの購入費

・敷金や家具運搬等の転居費用

・めがね、杖などの購入費

・病院等通院時の交通費

・就職活動に必要なものの購入費（スーツなど）

・学校の部活動でかかる費用（道具、遠征費など）

・無認可保育園の入園料や保育料

▶利用できる制度

　生活保護を受けている期間中は、次の制度が利用できます。地区担当員に確認してから手続きを行いましょう。

・水道料金・下水道料金の一部免除（基本料金と一定の使用量）

・ＮＨＫ放送受信料の免除

・国民年金保険料の免除

・住民税の減免及び非課税、固定資産税の減免

・粗大ごみ処理手数料の免除

・住民票、課税証明書、印鑑登録証明書の取得にかかる手数料の減免

・インフルエンザワクチン接種にかかる費用の免除（対象者に限る）　など

▶福祉事務所へ申告が必要なもの

　世帯人数の減少があったり、収入の増減があったりなど、保護費を受給した後に生活状況が変化したとき。変更前の金額が支給された場合は、多く受け取った保護費を返金します。

不正に受給すると懲罰がある

　生活に困っていないのに生活保護費を受給したり、保護費を返さないでいると、**告訴の対象になる場合があります。**懲罰を受けた後も保護費を返す義務は免除されず、滞納が続くと差押えなどの方法で徴収されることもあります。

▶活用できる資産などがありながら保護を受けた場合

　保護を開始するとき、現金にできなかった資産（土地、家屋、貴金属、有価証券等）を受給後に売却して現金を受け取った場合は、届け出をしましょう。保険の解約返戻金や給付金（満期・特約）などを受け取った場合や、年金や手当等で支給されていなかった分を受け取ったときも同じです。

　また、財産を相続した場合や借金の過払い金を受け取ったなど、さまざまな理由で処分されていなかった資産を現金化して収入を得たときは申告する必要があります。

10

提出先は年金事務所

わかりにくい！
年金請求の流れを知りたい

年金は申請しないと受給できない

　年金は受け取る権利（受給権）があっても、自動的に受給できるものではありません。年金の請求手続きが必要です。送られてきた年金請求書に記載の年金加入記録を確認し、「もれ」や「誤り」がある場合は発送先（年金事務所）へ確認しましょう。

　年金の請求をせず5年を過ぎると、法律に基づき、5年を過ぎた分の年金については時効により受け取れなくなる場合があります。

年金の仕組み

　老齢基礎年金は、10年以上の受給資格期間がある方が65歳から受給できます。

　老齢厚生年金は、老齢基礎年金の受給資格期間があり、厚生年金保険の被保険者期間がある方なら、老齢基礎年金に上乗せして65歳から受け取ることができます。厚生年金に加入していたときの報酬額や加入期間などに応じて年金額が計算されます（※この他、年金には障害基礎年金、障害厚生年金があります）。

　老齢基礎年金・老齢厚生年金には60歳から65歳までの間に繰上げて減額された年金を受け取る「繰上げ受給」や、66歳から75歳までの間に繰下げて増額された年金を受け取る「繰下げ受給」の制度があります。
※昭和27年4月1日以前生まれの方（または平成29年3月31日以前に老齢

基礎（厚生）年金を受け取る権利が発生している方）は、繰下げの上限年齢が70歳（権利が発生してから5年後）までとなります。

老齢基礎年金の手続きの流れ

①年金請求書が届く（該当者のみ）

年金請求書を提出。年金加入記録に内容が記載されている

②「年金証書・年金決定通知書」送付

年金請求書を提出すると、日本年金機構から
「年金証書・年金決定通知書」が送られてくる。
受け取りの開始年月日は年金決定通知書に記載されている

③年金受け取り開始（初回）

初回の年金受け取りは、年金証書が届いてからおおむね50日程度
※年金の支払いのご案内
（年金振込通知書・年金支払通知書または年金送金通知書）が届く

④定期受け取り

年金は偶数月（2、4、6、8、10、12月）の15日に受け取りとなる
※ただし初めての受け取りや、過去の受け取りが発生した場合は、
奇数月に受け取りとなることがある

年金の受け取り

　老齢基礎年金の場合、年金請求書の提出から約1〜2カ月後に「年金証書・年金決定通知書」が届きます。さらに1〜2カ月後に、年金のお支払いのご案内（年金振込通知書・年金支払通知書または年金送金通知書）が届き、年金の受け取りが始まります。

　年金は、受給権が発生した月の翌月分から受け取ることができ、原則、偶数月の15日に前月及び前々月の年金が振り込まれます。なお15日が土・日曜日または祝日のときは、その直前の平日となります。

（参考）日本年金機構ホームページ、厚生労働省「老齢基礎年金 お手続きの完了について」

ねんきんダイヤル

（ナビダイヤル）0570-05-1165

（一般電話）03-6700-1165（※050で始まる電話でおかけになる場合）

受付時間

月曜日8:30〜19:00、火〜金曜日8:30〜17:15、第2土曜日9:30〜16:00

※月曜日が祝日の場合は、翌日以後の開所日初日は19:00 まで

※祝日（第2土曜日を除く）、12月29日〜1月3日は休み

11

年金に上乗せされる

令和元年から始まった「年金生活者支援給付金」

年金生活者支援給付金制度とは？

　年金生活者支援給付金とは、消費税率の引き上げ分を活用し、公的年金などの収入金額や所得が一定基準額以下の年金受給者の生活を支援するために、年金に上乗せして支給されるものです。年金生活者支援給付金は、1年ごとに前年の所得などに基づき支給判定を行います。申請後、対象となった方には支給金額を記載した通知書が送られてきます（給付額は毎年度物価変動による改定があります）。

「日本年金機構」へ請求を！

　年金生活者支援給付金を受給するためには、「年金生活者支援給付金請求書」提出などの手続きが必要です。原則手続きの翌月分から支給対象となります。年金と同じ偶数月に、前月分までが振り込まれます。

給付金専用ダイヤル

（ナビダイヤル）0570-05-4092

（一般電話）03-5539-2216（※050で始まる電話でおかけになる場合）

受付時間

月曜日8:30〜19:00、火〜金曜日8:30〜17:15、第2土曜日9:30〜16:00

※月曜日が祝日の場合は、翌日以後の開所日初日は19:00 まで

※祝日（第2土曜日を除く）、12月29日〜1月3日は休み

また、要件を満たしていれば2年目以降の手続きは原則不要です。請求先は日本年金機構、またはお近くの年金事務所へご相談ください。

年金生活者支援給付金（令和5年10月時点）

年金の種類	対象者（以下のすべてを満たす方）
老齢年金 生活者 支援給付金	**1.** 65歳以上の老齢基礎年金受給者 **2.** 同一世帯の全員が市町村民税非課税 **3.** 前年の公的年金などの収入金額（※1）とその他の所得との合計額が87万8,900円以下（※2） ※1　障害年金・遺族年金などの非課税収入は含まれない ※2　77万8,900円を超え87万8,900円以下の場合は「補足的老齢年金生活者支援給付金」を支給 **受給金額** 老齢年金生活者支援給付金は月額5,140円が基準。自身の受給額を算出するには以下の式にあてはめ、1と2を合計（※3） **1.** 保険料納付済期間に基づく額（月額）＝5,020円×保険料納付済期間（※4）÷被保険者月数480月（※6） **2.** 保険料免除期間に基づく額（月額）＝1万1,041円（※5）×保険料免除期間（※4）÷被保険者月数480月（※6） ※3　老齢年金生活者支援給付金の支給により所得の逆転が生じないよう、前年の年金収入額とその他の所得額の合計が77万8,900円を超え87万8,900円以下の方は、1に一定割合を乗じた補足的老齢年金生活者支援給付金が支給される。保険料納付済期間のほか、前年の年金収入額とその他の所得額の合計によって給付額が変わる ※4　年金生活者支援給付金の算出のもととなる保険料納付済期間等はお手持ちの年金証書や支給額変更通知書等で確認できる ※5　保険料全額免除、4分の3免除、半額免除期間については1万1,041円（老齢基礎年金満額（月額）の6分の1）、保険料4分の1免除期間については5,520円（老齢基礎年金満額（月額）の12分の1）となる ※6　算出の計算式にある被保険者月数480月は、生年月日に応じた被保険者月数となる

	障害基礎年金受給者
障害年金 **生活者** **支援給付金**	②前年の所得（※7）が472万1,000円（※8）以下
	※7　障害年金などの非課税収入は、給付金の判定に用いる所得には含まれない
	※8　扶養親族等の数に応じて増額
	受給金額 障害等級1級：月額6,425円 障害等級2級：月額5,140円
遺族年金 **生活者** **支援給付金**	遺族基礎年金受給者
	②前年の所得（※9）が472万1,000円（※10）以下である
	※9　遺族年金などの非課税収入は給付金の判定に用いる所得には含まれない
	※10　扶養親族などの数に応じて増額
	受給金額 月額5,140円。ただし2人以上の子が遺族基礎年金を受給している場合は5,140円を子の数で割った金額がそれぞれに支払われる

※詳しくは日本年金機構ホームページを参照

（参考）厚生労働省ホームページ「年金生活者支援給付金制度について」、日本年金機構ホームページ

12

一定額の年金は保障される

みんなに知ってほしい「国民年金保険料免除」制度

未納にせず「国民年金保険料の免除・納付猶予」申請を

失業や収入が減少したとき、経済的な理由から国民年金保険料が未納になってしまう方もいるかもしれません。しかし、**保険料の未納によってご自身が将来受け取るはずの老齢基礎年金や障害基礎年金、遺族基礎年金の受給ができなくなるかもしれません。**生活に困ったときは、国民年金保険料減免の申請をしましょう。

免除される額は4種類ある

	前年所得が以下の計算式で計算した金額の範囲内であること
全額免除	（扶養親族等の数＋1）× 35万円+32万円（※22万円）
4分の3免除	88万円（※78万円）＋ 扶養親族等控除額 ＋ 社会保険料控除額など
半額免除	128万円（※118万円）＋ 扶養親族等控除額 ＋ 社会保険料控除額など
4分の1免除	168万円（※158万円）＋ 扶養親族等控除額 ＋ 社会保険料控除額など
納付猶予制度	前年所得が以下の計算式で計算した金額の範囲内であること （扶養親族等の数＋1）× 35万円 ＋ 32万円（※22万円）

※は令和2年度分（免除対象期間：令和2年7月〜令和3年6月）以前の金額

免除後の保険料（令和5年度月額保険料）

	免除される金額	保険料
全額免除	1万6,520円	0円
4分の3免除	1万2,390円	4,130円
半額免除	8,260円	8,260円
4分の1免除	4,130円	1万2,390円

（参考）日本年金機構ホームページ

保険料を納めていない期間も年金が保障される！

　ご本人から国民年金保険料の免除・納付猶予申請を行うことで、**保険料の「納付猶予」あるいは「免除」をされるだけでなく、保険料を納めていない期間も一定の年金額が保障されます**。たとえば、全額免除の場合は2分の1が保障されます（申請がない場合は保障されません）。

　また、申請することによりご自身が病気や事故により障害が残ってしまったときの障害年金や、働き手だったご自身が亡くなった場合に遺族が年金を受け取ることができます。

　また、免除された保険料は後から納めることもできます。遡れるのは10年以内ですが、全額納付することができれば受け取る年金が減ることはありません。申請することで多くのメリットがあります。未納は放置せずに市区町村へ相談しましょう。

保険料納付猶予制度・学生納付特例制度など

▶保険料納付猶予制度
　経済的に保険料を納めることが困難な50歳未満の方で、所得の基準

を満たす方が対象です。

※平成28年6月までは「30歳未満」の方が対象でしたが、平成28年7月からは対象年齢が「50歳未満」に拡大（平成27年度免除サイクル以前の期間について、遡及の適用はありません）。

▶学生納付特例制度

大学・専門学校など（海外の学校などは除く）の学生で、学生本人の前年度所得が一定以下の場合に対象となります。

〈128万円（申請する年度が令和2年度以前は118万円）＋扶養親族などの数×38万円＋社会保険料控除など〉

所得基準などに適合していれば、保険料が学生納付特例として全額猶予され、猶予された期間は年金を受給するために必要な期間に加えられます（ただし将来の老齢年金額には反映されません）。

▶特例認定

特定の事由によって納付が困難になった場合、**前年度の所得が免除・納付猶予の基準を超えていても「特例認定」を受けることができます。**特例認定は失業した本人のみ有効で、配偶者や世帯主は対象外です。

特例認定の種類

・失業（倒産・事業の廃止）、退職、り災（震災・火災・風水害など）

手続きはお住まいの市区町村窓口へ

「国民年金保険料免除・納付猶予申請書」の提出先は、お住まいの市区町村国民年金窓口あるいは年金事務所です。申請書は、市区町村の国民年金窓口や年金事務所、日本年金機構ホームページなどで入手することができます。

13

失業や病気だけじゃない

「介護離職」して生活に困ったら軽減制度の利用を

国民健康保険料の免除・納付猶予

　日本では年間10万人もの人が「介護離職」をします。とくに50歳を過ぎると、介護離職をする人が増えていきます。介護休暇制度などを利用してもなお、仕事と介護の両立が難しい場合の離職は致し方ないかもしれません。しかし、介護離職によって収入源がなくなり、その後の生活に大きな影響を与えることも少なくありません。

　国民年金と国民健康保険料は、災害や失業、病気などで生活が著しく困難なときだけでなく、**介護離職においても一定の要件を満たせば減免制度が利用できます。**

▶非自発的失業者

　以下のすべてに該当すると、保険料が軽減されます。退職理由は、会社都合及び病気、介護、育児、通勤不可能など正当な理由（定年退職は除く）の方に限られます。

①倒産、解雇、雇い止め、介護等により退職した方

②退職後65歳未満の方

③退職時に雇用保険受給資格者証の交付を受けている方

（離職理由番号「11, 12, 21, 22, 23, 31, 32, 33, 34」のいずれかに該当）

軽減内容

・前年の給与所得100分の30に減額して保険料を算出

▶**低所得者世帯**

　法令で定められた所得基準を下回る世帯については、被保険者応益割（均等割・平等割）額の7割、5割または2割を減額する制度があります（※減免の申請は年度ごとに必要）。軽減割合と所得基準については、141ページの表をご参照下さい。

災害やその他の減免

　家屋または事務所が震災、風水害、火災などにより著しい損害を受けた場合や、病気やケガで多額の出費があったときなど、自分の資産などを活用しても、一時的に生活が著しく困難になった場合は保険料（所得割額）の減額、免除の制度があります。

未就学児

　未就学児がいる世帯には一律に、未就学児の均等割額2分の1を減額します。そのため、申請の必要はありません。

14

負担割合増加とサービスの制限

介護保険料を延滞すると厳しい措置が! 減免制度を使おう

気づかず「介護保険料の延滞」をしていませんか?

　介護保険料の支払いをうっかり忘れてしまった、あるいは年金から天引きされていると思っていたため、気がつかず保険料の未納をしてしまう方がいるようです。**年間受給額が18万円未満の場合、年金から介護保険料の天引きがされません。**その場合、「納付書」あるいは「口座振替」を利用して、自分で介護保険料を納めなくてはなりません。

　生活が困難で支払いが難しいときは、介護保険料の減免制度を申請・利用しましょう。

65歳以上の介護保険料減免制度について

減免の対象になる事由には、以下のようなものがあります。

▶災害
　世帯の生計中心者が震災・火災などにより住宅や家財などに著しい被害を受けた場合。

▶所得の著しい減少
　世帯生計中心者の事業収入や不動産収入、給与収入などが前年と比較し著しく減少し、前年収入額の10分の3以上の場合。死亡・長期入院・事業廃止・失業（定年は除く）など。

※合計所得金額500万円以上の方は除きます

▶低所得者

　世帯全員が市民税非課税、世帯収入の合計が生活保護基準の1.2倍未満、預貯金額が200万円以下の場合。

▶新型コロナウイルス感染症の影響による収入減少

　世帯生計中心者が死亡、重篤な傷病を負った、または収入が一定以上減少する見込みなら、介護保険料の減免及び徴収猶予の対象となります。詳しくはお住まいの市区町村へご確認ください。

※40歳〜64歳までの方は加入されている医療保険者にご確認ください
（参考）船橋市ホームページ「65歳以上の介護保険料の減免制度」

「徴収猶予・減額・免除」の要件とは

　所得や状況に応じて、徴収猶予や減額、免除などの対応をしてもらえることがあります。要件は世帯員全員が住民税非課税、介護保険料の滞納がないこと、預貯金の合計額などです。お住まいの市区町村ホームページなどで確認しましょう。

1. 介護保険料の段階が、第1段階（生活保護受給者を除く）、第2段階、第3段階に該当
2. 前年の収入が1人世帯で150万円以下（世帯構成員が1人増加するごとに50万円を加算）
3. 預貯金が350万円以下の方（世帯構成員が1人増加するごとに100万円を加算）
4. 住居以外に不動産を所有していない
5. 住民税を課税されている方の被扶養者となっていない
6. 住民税を課税されている親族と同一住居内に居住していない
7. 老人ホームなどの施設に入所していない
8. 介護保険料を滞納していない

介護保険料の減免などについて

・徴収猶予：申請月から猶予期間まで保険料の納期を延長できます。

・減額：要件を満たすと保険料を減らすことができます。

・免除：要件を満たすと支払いが免除されます。

（参考）江東区ホームページ「介護保険料の減免・減額制度」

介護保険料の延滞「期間別」の措置とは

「老後の切り札」ともいうべき介護保険料を納めないでいると、滞納した期間に応じた措置があります。その結果、本当に介護が必要になったときに介護サービスが使えない、あるいは利用料の負担が大きすぎてご自身やご家族の生活を脅かす問題にも発展しかねません。**介護保険料の支払いができないときは放置せず、必ず市区町村に相談しましょう。**

▶ 1年以上の滞納

現物支給から償還払いへ（介護保険法第66条）。1年以上延滞があった場合は利用料「全額」を介護サービス事業者へ支払うことになります。その後、ご自身の負担割合を超えた金額は市区町村に請求すれば戻ってくるものの、介護サービス利用の際はある程度まとまったお金を用意しておかなければなりません。

▶ 1年半以上延滞した場合

介護保険料の支払いを1年半以上滞納すると、保険給付の一部または全部について支給を一時差し止めることになります（介護保険法第67条）。つまり、利用料の全額（10割）を介護サービス事業者へ支払うだけでなく、負担割合を超えた利用料も払い戻ししてもらうことができなくなります。払い戻しされなかった金額は、延滞していた介護保険料にあてられることになります。

▶2年以上滞納した場合

介護保険サービス利用料の自己負担が3割・4割になります（介護保険法第69条）。

介護保険料の支払いは、納期から2年を超えると時効となります。未払い分を後から払いたくても払えません。 また、介護保険料の未納期間に応じたペナルティとして、介護保険サービス利用料の自己負担が1、2割だった人は3割負担に、3割だった人は4割負担へと上がってしまいます。

介護サービスに対する「支払い方法」や「負担割合」が変わるだけではなく、措置の期間は下記が適用されなくなることがあります。金銭的にもかなり苦しくなるでしょう。

措置の期間は利用できない制度

・高額介護サービス費 → 171ページ参照
・高額医療合算介護サービス費（医療保険と介護保険の本人負担の合計が一定額を超えた場合に、申請によりその超過額を払い戻してもらえる制度。「高額医療・高額介護合算療養費制度」と同じ）→ 173ページ参照
・特定入所者介護サービス費（介護施設などに入所する方の所得や資産などが一定の基準以下だった場合、食費や居住費を安くしてもらえる制度）

介護保険被保険者証に「制限内容・期間」の記載がある

介護保険被保険者証

被保険者	番号	
	住所	
	フリガナ	
	氏名	
	生年月日	年　月　日　／性別
交付年月日		
保険者番号並びに保険者の名称及び印	0 1 2 3 4 5　○○市　町印郡市	

要介護状態区分等		
認定年月日	令和　　年　　月　　日	
認定の有効期間	令和　年　月　日～令和　年　月　日	
区分支給限度基準額		
居宅サービス等	令和　年　月　日～令和　年　月　日　1月あたり	
	サービスの種類	種類支給限度基準額
認定審査会の意見及びサービスの種類の指定		

給付制限		内容	期間	
			開始年月日　令和　年　月　日	
			終了年月日　令和　年　月　日	
			開始年月日　令和　年　月　日	
			終了年月日　令和　年　月　日	
			開始年月日　令和　年　月　日	
			終了年月日　令和　年　月　日	

居宅介護支援事業者又は介護予防支援事業者及びその事業所の名称		届出年月日　令和　年　月　日
		届出年月日　令和　年　月　日
		届出年月日　令和　年　月　日

介護保険施設等	種類	
	名称	入所等年月日　令和　年　月　日／退所等年月日　令和　年　月　日
	種類	
	名称	入所等年月日　令和　年　月　日／退所等年月日　令和　年　月　日

介 護 保 険 負 担 割 合 証

交付市年月日		
番　号		
住　所		
フリガナ		
氏　名		
生年月日		
利用者負担の割合	適　用　期　間	
2割	開始年月日　令和 5年 1月 1日	
	終了年月日　令和 5年 7月 31日	
	開始年月日	
	終了年月日	
保険者番号並びに保険者の名称及び印	0 1 2 3 4 5　○○市　町印郡市	

世帯単位で払い戻しがある

利用料の払い戻しを受けられる！高額介護サービス費支給制度

高額介護（介護予防）サービス費支給制度とは？

　介護保険の自己負担額には医療費のように、支払上限額があるのをご存じでしたか？ **高額介護サービス費は、月々の介護費の自己負担額について、所得に応じた上限を定めています。**

　自己負担割合は原則1割ですが、一定以上の所得がある方は2〜3割となります。

　また、高額介護サービス費は個人単位だけではなく、世帯単位でも自己負担上限額が定められています。ご夫婦やご家族で介護サービスを利用されている場合は、世帯で合算して払い戻しを受けましょう。

　対象となるのは「介護サービス費用のみ」で、食費や部屋代、特定福祉用具購入や住宅改修の費用は対象外です。

（参考）福岡県庁ホームページ

介護保険にも自己負担額の上限がある

　払い戻しを受けるには、お住まいの市区町村へ申請が必要です。該当する方には市区町村から「介護保険高額介護サービス費支給申請書」が届きます。一度申請すれば2回目以降は手続き不要で、初回申請した口座に振り込まれます。

高額介護サービス費上限額（令和3年8月分から）

区分	負担の上限額(月額)
課税所得690万円(年収約1,160万円)以上	14万0,100円(世帯)
課税所得380万円(年収770万円)～ 課税所得690万円(年収約1,160万円)未満	9万3,000円(世帯)
課税所得380万円(年収770万円)未満	4万4,400円(世帯)
世帯の全員が市町村民税非課税	2万4,600円(世帯)
前年の公的年金等収入金額＋ その他の合計所得金額の合計が 80万円以下の方など	2万4,600円(世帯) 1万5,000円(個人)
生活保護を受給している方など	1万5,000円(世帯)

横浜市ホームページ「高額介護サービス費等について」、
今治市ホームページ「高額介護（介護予防）サービス費等の支給」

16

医療費と介護費が合算できる

世帯でさらにお得な高額医療・高額介護合算療養費制度と高額療養費制度

医療保険と介護保険の自己負担額が軽減される

　同一世帯で、1年間に支払った「医療費」と「介護サービス費」の自己負担額の合計が基準額を超えた場合には、所得に応じて自己負担額が減額されます。

高額医療・高額介護合算療養費制度の算定基準額（限度額）

　医療保険各制度や所得・年齢区分ごとの自己負担限度額が設定されています。下の表の限度額を超えた分が支給されます。

世帯の 自己負担 限度額		後期高齢者 医療制度を 受ける人が いる世帯	70～74歳が いる世帯	70歳未満が いる世帯
現役並み所得者 （課税所得 145万円以上）		67万円	67万円	67万円
一般		56万円	56万円	60万円
低所得者	Ⅱ	31万円	31万円	34万円
	Ⅰ	19万円	19万円	

医療保険と介護保険の両方を利用している世帯の負担を軽減することができるため、基準を超えたら申請しましょう。

（対象期間）毎年8月1日〜翌年7月31日までにかかった自己負担額
（対象者）国民健康保険・後期高齢者医療・被用者保険に加入

　対象になった場合は、お住まいの市区町村から「お知らせ」「支給申請書」などが送られてきます。ただし、その該当する期間中に医療保険が変わったという人については、案内が届かない場合もあります。その際は医療保険者や市区町村の担当窓口に確認しましょう。

70歳以上の人がいる世帯

所得区分	限度額（年額）
課税所得690万円以上	212万円
課税所得380万円以上	141万円
課税所得145万円以上	67万円
課税所得145万円未満	56万円
住民税非課税世帯	31万円

（参考）大阪市ホームページ「高額医療・高額介護合算療養費制度のお知らせ」

高額療養費制度

　高額療養費制度は、医療費の負担を軽くするための制度の一つです。同じ月内（1日から末日まで）で病院やクリニック、薬局の窓口で払う医療費には上限額が設定されており、それを超えた分が後で戻ってくる制度です。負担額の上限は年齢や所得によって異なります。
　また、**医療費が高額になっても「限度額適用認定証」の提示により自己負担限度額までの支払いで済みます**（限度額適用認定証の発行につい

ては、加入している健康保険組合などにお問い合わせください）。

70歳以上の高額療養費制度の自己負担上限額

	適用区分	外来(個人ごと)	外来＋入院 （世帯ごと）
現役並み	年収1,160万円以上 課税所得690万円以上	25万2,600円 ＋ （医療費－84万2,000円）×1% ※4回目以降は14万0,100円	
現役並み	年収770万円以上 課税所得380万円以上	16万7,400円 ＋ （医療費－55万8,000円）× 1% ※4回目以降は9万3,000円	
現役並み	年収370万円以上 課税所得145万円以上	8万100円 ＋ （医療費－26万7,000円）× 1% ※4回目以降は4万4,400円	
一般	年収156万円以上 課税所得145万円未満	1万8,000円 （年間上限 14万4,000円）	5万7,600円 ※4回目以降は 4万4,400円
低所得者	Ⅱ住民税非課税世帯	8,000円	2万4,600円
低所得者	Ⅰ住民税非課税世帯 （年金収入80万円以下）	8,000円	1万5,000円

3回以上で、さらに自己負担額の減額

　長期の治療や療養の際にかかる大きな経済的負担を避けるため、**「多数回該当」** という仕組みがあります。**直近の12カ月間で3回以上の高額療養費制度対象になると、その月の負担の上限額がさらに下がります。**

　同一世帯なら、医療費の合算も可能です。ただし入院しているときにかかった食費、差額ベッド代などの保険診療に該当しないものについては、高額療養費制度の対象とはなりません。

（参考）久喜市ホームページ「高額療養費」

17

所得税の控除が受けられる

バリアフリー工事をしたら「特別税額控除」を忘れずに

所得税の特別控除が受けられる！

　自己所有の住宅に高齢者向けリフォーム工事を行う場合、所得税の特別控除を受けることができます。住宅ローンなどの利用がなくても適用されますので、忘れずに申告しましょう。

　申請窓口は、お住まいの所轄税務署となります。詳しい要件などはご確認ください。

バリアフリー改修工事

1	次の(1)から(4)のいずれかに該当すること (1)　50歳以上の方 (2)　要介護または要支援の認定を受けている方 (3)　所得税法上の障害者である方 (4)　高齢者等(65歳以上の方または上記(2)もしくは(3)に該当する方を言います)である親族と日常的に同居している方
2	高齢者などが自立した日常生活を営むのに必要な構造及び設備の基準に適合させるための修繕または模様替えで、次の(1)から(5)のいずれかに該当するバリアフリー改修工事を含む増改築等であること (1)　介助用の車椅子で容易に移動するために通路または出入口の幅を拡張する工事 (2)　階段の設置(既存の階段の撤去を伴うものに限る)または改良によりその勾配を緩和する工事

(3) 浴室を改良する工事で、次のいずれかに該当するもの
　　イ　入浴や介助を容易に行うために浴室の床面積を増加させる工事
　　ロ　浴槽をまたぎ高さの低いものに取り替える工事
　　ハ　高齢者などの浴槽の出入りを容易にする設備を設置する工事
　　ニ　高齢者などの身体の洗浄を容易にする水栓器具へ交換・設置工事
(4) 便所を改良する工事であり、次のいずれかに該当するもの
　　イ　排泄や介助を容易に行うために便所の床面積を増加させる工事
　　ロ　便器を座便式のものに取り替える工事
　　ハ　座便式の便器の座高を高くする工事
(5) 便所、浴室、脱衣室その他の居室及び玄関ならびにこれらを結ぶ経路に手すりを取りつける工事
(6) 便所、浴室、脱衣室その他の居室及び玄関ならびにこれらを結ぶ経路の床の段差を解消する工事

（参考）国税庁ホームページ「No.1220　バリアフリー改修工事をした場合（住宅特定改修特別税額控除）」

18

生活の立て直しをしたい

生活福祉資金貸付制度

生活困難で資金が必要な方への貸付制度

　生活費や低所得世帯や高齢者世帯などが安定した生活を送ることができるよう、社会福祉協議会が貸付や相談業務などを行います。それぞれの貸付には条件や貸付限度額、返済期限等の定めがありますので、詳しくは社会福祉協議会の窓口へお尋ねください。

▶貸付対象者

低所得者世帯

・必要な資金を他から借りることが困難で、貸付と必要な支援を受けることで自活できる世帯（市町村民税非課税程度）

障害者世帯

・身体障害者手帳、療育手帳、精神障害者保健福祉手帳の交付を受けた方の属する世帯

高齢者世帯

・65歳以上の高齢者の属する世帯（日常生活上療養または介護を要する高齢者など）

【生活福祉資金貸付制度】生活福祉資金4種類

①総合支援資金	生活支援費	生活再建までの間に必要な生活費用（原則3カ月、最長12カ月）	単身月15万円以内 2人以上月20万円
	住宅入居費	敷金、礼金など住宅の賃貸契約を結ぶために必要な費用	40万円以内
	一時生活再建費	生活を再建するために一時的に必要な費用（就職・転職のための技能習得、債務整理をするために必要な費用など）	60万円以内
②福祉資金	福祉費	生業を営むために必要な経費、就職や技能習得、住宅の増改築、出産、葬祭など ※資金の用途に応じて上限あり	580万円以内
	緊急小口資金	緊急かつ一時的に生計の維持が困難となったとき（医療費、被災、盗難や紛失など）	10万円以内
③教育支援資金	教育支援費	学校教育法に規定する高校や高専、大学の授業料など	月3.5〜6.5万円以内
	就学支度費	上記の学校への入学金	50万円以内
④不動産担保型生活資金	不動産担保型生活資金	低所得の高齢者世帯に対し、一定の居住用不動産を担保として生活資金を貸し付ける資金	月30万円以内 土地評価額の70％限度 貸付期間：借受人の死亡時までの期間または貸付元金利が貸付限度額に達するまでの期間
	要保護世帯向け不動産担保型生活資金	要保護の高齢者世帯に対し、一定の居住用不動産を担保として生活資金を貸し付ける資金	上記と同じ

（参考）厚生労働省ホームページ「生活福祉資金貸付条件等一覧」、小平市社会福祉協議会ホームページ「生活福祉資金の貸付制度」

序章

1

2

3

4 医療・年金・税金の「救済制度」

5

6

NOTE

第5章

絶対にだまされない！
正しい老人ホームの
選び方

自立から看取りまで

教えて！多すぎてわからない
施設の種類と特徴

3つの介護保険施設の特徴

① 特別養護 老人ホーム	介護スタッフが24時間常駐。「終の棲家」としての役割も持っている **入居の目安** ・入居一時金：なし ・月額利用料：6〜17万円程度（所得による） ・原則65歳以上 ・要介護3以上 ※要介護1〜2でも、必要に応じて入所できる可能性あり（詳しくは市区町村に要相談）	
② 介護老人 保健施設	自宅復帰を目指すためのリハビリ施設。理学療法士や作業療法士等によるリハビリテーションや、食事や入浴などのサービスが提供される **入居の目安** ・原則要介護1以上 ・入所期間は原則3〜6カ月 　※「終の棲家」としての機能はない ・病状が安定していること	
③ 介護医療院	療養上の看護や介護、また機能訓練やその他必要な医療的処置を行う。その中でも、医療依存度に合わせて2つの施設に分けられる **Ⅰ型＝介護療養病床相当** **Ⅱ型＝介護老人保健施設相当以上** **入居の目安** ・要介護1以上 ・看取りや終末期を支える役割 ・地域交流の拠点としての役割	

※介護保険施設の一つである「介護療養型医療施設」は、2024年3月末までを期限として「介護医療院」に転換する

入所一時金なし、3つの介護保険施設とは

「介護保険施設」は、介護保険負担限度額認定証が適用（食費・居住費）となること、さらに入所一時金がないことから、有料老人ホームなどよりも利用料が安くなる傾向があります。そのため、経済的な理由から介護保険施設を選択する方も多いようです。

こんなにある！ 有料老人ホームの種類

有料老人ホームには、主に3つのタイプがあります。**介護付有料老人ホーム、住宅型有料老人ホーム、健康型有料老人ホームの3つ**です。施設によってもそれぞれ特徴があります。長期で住まうことができるのかもしっかりチェックしましょう（196ページもご参照ください）。

有料老人ホームの3つのタイプ

介護付有料老人ホーム 「一般型」と 「外部サービス利用型」 がある 介護度：要支援1以上	1. 一般型 老人ホーム内に介護員が24時間365日常駐し、必要な介護サービスを受けられる 2. 外部サービス利用型 相談事や安否確認、ケアプラン作成などはホーム内のスタッフが行う。**介護サービスなどは、外部の訪問介護・看護事業者などが提供する。**介護サービス費は使った分だけ発生する
住宅型有料老人ホーム 介護度：自立から可能	食事の提供や身の回りの生活援助等を提供する施設。**介護サービスが必要になったら、外部の介護事業者と契約し、サービスを利用する。**費用は使った分だけ発生する
健康型有料老人ホーム 介護度：原則自立のみ	介護を必要としない高齢者が対象の施設。食事や身の回りの生活援助のみを提供するため、**介護が必要になった場合は別の施設を探さなければならない**

有料老人ホームのサービス費・居住費などは、介護保険施設とは違い介護保険は適用されません。 その分料金は高くなること、入居一時金が必要な場合があると考えておきましょう。

　また有料老人ホームにはクーリング・オフがありますので、入所後3カ月以内の退去となった場合、入居金は全額返還されます。ただし、入所期間中の居室使用料や原状回復費用等は請求されます。

有料老人ホームの契約種類

利用権方式

　居室や共用スペースを利用する権利を買う契約のことです。ほとんどの有料老人ホームでは、この形式がとられています。

建物賃貸方式

　毎月家賃や光熱費等を支払っていく契約のことです。

02 ささいな言葉もサインのうち

施設に入所するべき
タイミングとそのサイン

インターネット情報で作られるマイナスイメージ

　日々、インターネットサイトやさまざまな媒体で、「介護情報」が発信されています。大きなニュースになるのは高齢者虐待です。皆さんが読んで安心できるような情報というよりも、むしろ介護によって起きた悲劇的なニュースやストーリーばかりが多く取り上げられていると感じます。そうした情報の偏りの中で、リアルな介護施設のイメージができず、多くの方の不安の原因になっているのではないでしょうか。

厚生労働省の調査から見る「真実」は？

　しかしニュースや噂だけでは、介護施設の評価をすることは難しいでしょう。なぜなら発信元は、「より多くのアクセスを稼ぐ」という視点で記事を書くためです。

では、実際のリアルな状況を知るにはどうしたら良いのでしょうか？ それは、厚生労働省などの国の機関が出す「数字」を読むことです。

　厚生労働省の調査によると、施設による高齢者虐待件数は1年間で621件なのに対し、家族による高齢者虐待件数が1万7,249件。つまり家族による虐待の方が介護施設の27倍以上多いという結果になりました。しかも家族による虐待は発見が難しく認定されにくいため、実際にはもっと多いのではないかと思われます。

　高齢者を思うあまり、「家にいさせてあげたいから」「施設に入れては

185

かわいそうだから」という理由で、介護の知識のない家族が介護を抱えこむと、介護の有資格者と比較して、高齢者虐待のリスクが上がることが「数字」を読むとわかります。介護施設だけに虐待のリスクがあるとは限らないのです。

施設入所へのサインとは？

　こうした家庭内で起こる悲劇を避けるには、「在宅介護の限界」を知ることです。もちろん介護をする人の年齢や仕事の有無、また同居か通いかによっても、許容できる介護の時間はさまざまですが、在宅介護が限界を迎える際に起きる一般的なサインを以下に挙げていきます。

在宅介護が限界を迎える際に起きる「サイン」の例

1	きつい言葉を使い始める
2	介助が必要でも見て見ぬふりをする
3	失敗を厳しく叱り始める
4	見守り時間が足りず、安全が確保できない
5	介護者の生活が崩れている（離職、外出できない）

　虐待に限らず、夜中にトイレに起こされて家族が眠れない、休日に外出できない、余裕を持って接することができないなど、介護者の生活が崩れてしまうときは「介護の限界」です。ヘルパーの導入やデイサービスの利用を検討しましょう。それでも家の中に笑顔が戻らないなら、介護施設入所の方向で検討していきましょう。

高齢者虐待とは？

　高齢者虐待には、①身体的、②心理的、③ネグレクト（放置）、④性的、⑤経済的なものがあります。暴力あるいは言葉の暴力を使う、お世話をしない、性的ハラスメントや金銭を使う自由を制限することなどが、虐待に該当します。**高齢者虐待に関する心配事は、お住まいの「地域包括支援センター」へ相談することができます。**相談内容は秘密厳守されます。

NOTE

見学が必須の施設選び

失敗しない! プロが教える「施設選びのポイント」

入居してから後悔しないための「ポイント」

　忙しくても、入居前には施設へ見学に行きましょう。居室やお風呂、食堂に安全面の配慮があり清潔感があるか、そこに住めるイメージができるかを見て確かめてほしいのです。可能ならば体験入居で泊まってみること、そして次のポイントに多く当てはまる施設をお勧めします。

入居前に確認したい施設選びのチェックポイント

設備	高齢者が安心して生活できる環境が整えられているか？ ・バリアフリーになっているか ・手すりやスロープが設置されているか ・食堂の清潔感があるか ・施設の庭や外を散歩できる、あるいは運動器具などがあるか ・談話室、家族が泊まれる部屋があるか ・多少の生活感や、花や絵などがあるか
事業者情報	経営は安定しているか？ ・株式会社、社会福祉法人などの法人種別 ・規模は大手か中小か ・一時金など戻ってこないお金がある場合は、直近の業績や経営の安全性など ・経営している母体の特徴はあるか(例：母体が飲食業だと施設の食事が良い、病院だと医療サービスが手厚いなど)

建物・立地	住み慣れた地域か遠方か	
	〈建物〉	
	・段差がなく、高齢者のケガを予防できるようになっているか	
	・トイレが狭くないか	
	・移動に十分なスペースを確保しているか	
	〈立地〉	
	・住み慣れた地域でご本人に土地勘があるか(親族なども訪れやすい)	
	・遠方の避暑地やリゾート地にある施設の場合、交通の便はどうか	
	・山奥やリゾート地はとくに、生活の刺激が減らないよう地域のコミュニティとのつながりがあるか	
居室内	居室の広さやトイレの有無	
	・4人部屋、2人部屋、個室などを確認	
	・相部屋の場合、同居人のいびきや物音を許容できるか	
	・相部屋の場合、居室内の仕切り方はカーテンなのか、パーテーションなのか、隣人との距離や音の聞こえ方はどうか	
	・各居室にトイレがあるか	
	・荷物が多い、居室に仏壇を置きたいなどの希望が通るか(個室の有料老人ホームであれば問題ないことが多い)	
入居者	身だしなみ、表情は明るいか	
	・入居者の年齢層や男女比、要介護度はどうか	
	・施設を退去した方の理由は何か	
	・入居者の身だしなみ、服装はだらしなくないか(髭が伸びているなどあれば、サービスが行き届いていない可能性がある)	
	・入居者が施設内で会話が弾み、楽しそうにイキイキしているか(表情が暗く沈んでいたり、不安な表情になっていないか)	
スタッフ	言葉使いでわかるサービスの質	
	・入居者に笑顔で接しているか	
	・なれなれしくないか	
	・忙しそうにバタバタと動いていないか	
	・施設が定期的に研修を行っているか	
	・会社の理念を理解しているか	

食事、入浴、衛生面	入居者の趣向を重んじているか 〈食事〉 ・入居者の趣向を考えているか ・選択メニューがあるか ・お正月などの行事食、季節感のあるメニューになっているか ・飲み物はコーヒーやミルクや紅茶などが選択できるか、飲酒はできるか ・きざみ、とろみ食などの場合、（何を食べているのか）原型を見せてくれるか ・食事介助の方法が口に食事を詰めこむような状況になっていないか ・ご飯に苦い薬を混ぜて提供していないか ・食後の口腔ケアがされているか 〈入浴〉 ・週に何回か、最低2回が厳守されているか ・入浴の時間帯は何時か ・風呂は皆で入るのか個別浴か ・介護度が高くなっても入浴できる浴槽（設備）はあるか 〈衛生面〉 ・居室やトイレの清掃頻度はどうか ・共用部分や全体の清掃状況はどうか ・ベッドシーツの交換頻度など
周辺環境	施設の周辺に何があるかチェック ・バスなどを使用せずに、車いすや歩いて行ける距離に何があるか ・買い物好きの方なら、スーパーや商店街 ・お酒が好きな方は居酒屋があるか ・コーヒー好きなら喫茶店があるか ・自然が好きなら公園や散歩ができるか ・面会者が来た際、一緒に外出できる場所があるか

食費と居住費が減額に

「介護保険施設」の大きなメリットは減額制度

人気で200人待ち？ 介護保険施設とは

「介護保険施設」には在宅生活が困難な方が、必要な医療・介護サービスを受けるために入所します。いわゆる老人ホーム（有料老人ホームなど）と違い、**大きなメリットは、「負担限度額認定証」を提示することにより、所得に応じて食費・居住費が減額になることです。**

　介護保険施設は3つあり、**「介護老人福祉施設（特別養護老人ホーム）」「介護老人保健施設」「介護医療院」**に分かれます。それぞれの役割に応じて、生活に必要な身体介護などの提供、在宅復帰するために必要なリハビリ（医療を含む）の提供、医療と介護が必要な長期療養者へのサービスなどを行っています（182ページの表参照）。

負担限度額認定とは

　施設サービス（ショートステイを含む）を利用する際の居住費や食費は、基本的に全額利用者負担です。ただし、世帯全員が市民税非課税の方は負担額の減額を受けることができます。

　負担限度額の認定を希望される場合は、お住まいの市区町村へ申請し、認定を受けられた場合には「介護保険負担限度額認定証」が発行されます。サービスを受ける際に必ず入所施設などに提示してください。

施設入所の食費と居住費だけでなく、ショートステイも減額対象です。なお、介護老人保健施設と介護療養型医療施設の場合、そして介護老人福祉施設（特別養護老人ホーム）の場合それぞれの負担限度額については3章の図（96〜97ページ）をご参照ください。

（参考）山梨県中央市ホームページ「介護保険利用者負担限度額認定について」

▶軽減対象となる介護サービス

　介護老人福祉施設、介護老人保健施設、介護療養型医療施設、介護医療院、地域密着型介護老人福祉施設（※ショートステイ、（介護予防）短期入所生活介護、（介護予防）短期入所療養介護）

NOTE

予算が厳しいなら
軽費老人ホーム（ケアハウス）も検討

┃ 1人暮らしに不安がある方の施設

　軽費老人ホーム（ケアハウス）とは、自宅での単身生活に不安を覚えていたり、家族がいても生活上の協力を得られなかったりするなどの事情を抱える高齢者向けの施設です。自治体の補助金を受けて運営されている公的性格の強い施設のため、**有料老人ホームと比較すると金銭的負担が低いのが特徴です。**

　軽費老人ホームには、「ケアハウス」「軽費老人ホームA型、B型」「都市型」など、いくつかの種類があります。

┃ 自治体の補助で料金が低く設定されている

　入居対象者は60歳以上と幅広いために待機者が多く、特別養護老人ホームほどではありませんが、入居までに一定の期間が必要と言われています。全室個室が原則で、人気が高い施設です。

　入居の申し込みは、施設へ直接問い合わせするか、自治体や地域包括支援センターを通して行います。入居の際は、健康診断の実施と面談を行います。保証人を立てる必要がありますが、できない場合でも相談に応じてくれます。

　軽費老人ホームは、家族から虐待を受けていたり、経済的に困っている高齢者を受け入れ、養護する役割も担っています。

（参考）公益社団法人全国老人福祉施設協議会「高齢者の生活を守る養護老人ホーム」

軽費老人ホームの種類

軽費老人ホーム A型※	無料または低額な料金で、自立して生活するには不安が認められる高齢者に食事の提供、入浴等の準備、相談及び援助などを行う施設 月額：6.5〜15万円程度(前年収入による)
軽費老人ホーム B型※	無料または低額な料金で、身体機能等の低下など、または自立して生活するには不安が認められる高齢者を入所させ、入浴等の準備、相談及び援助を提供する施設。自炊できることが前提 月額：4万円程度
ケアハウス※ (軽費老人ホーム)	無料または低額な料金で、身体機能の低下などにより自立した日常生活を営むことに不安があり、また家族による援助を受けることが困難な方に食事の提供、入浴などの準備、相談及び援助を提供する施設 月額：9〜15万円程度(前年収入による)
ケアハウス (特定施設入居者 生活介護)	解決すべき課題などを定めた計画に従って、要介護高齢者の入浴、排せつ、食事等の介護や機能訓練及び療養上の世話などを行う施設 月額：施設・要介護度によって異なる
都市型軽費 老人ホーム※	ケアハウス対象者を想定。要支援・要介護高齢者も入居が可能で、都市部の低所得高齢者のための施設。入所定員が20人以下で、都道府県知事が指定する 月額：9〜15万円程度(前年収入による)

※介護が必要になった場合は外部の介護サービスを利用することも可能

06

入居の目的を明確に

有料老人ホームはこう選ぶ！ポイントを伝授

▍失敗したくない有料老人ホーム選び

「有料老人ホーム」にはさまざまな種類があります。介護保険を利用して介護を受ける目的で入居することもできますし、まだ介護が必要でない方が食事の提供や生活サービスを受ける目的で入居することもできます。

　有料老人ホームを選ぶときは、先述のように、自分の目的に適っているか、そして予算や事業者の規模、どのくらいの介護度（要介護者）が入居している施設なのか、または施設の周辺状況を知ることなど、多くの情報が必要です。

▍ご自身の健康状態やライフスタイルを整理しましょう

有料老人ホームには「介護付」「住宅型」「健康型」の3つがあります。
次ページの表で、それぞれの特徴と入所要件を確認してください。

　有料老人ホームの居室は全室個室ですが、共同生活の要素も大きく、入居者同士で協調しながら暮らしていくイメージです。また、スタッフが常駐しているため、単身の方も安心して暮らすことができます。

　介護付有料老人ホームを選んだ場合、要介護度が上がった際には介護専用居室などへの住み替えが必要な施設もあります。契約の際は、住み替えが必要になったときの料金の違いについて確認しておきましょう。

（参考）東京都福祉局ホームページ「あんしん なっとく 有料老人ホームの選び方」

3種類ある有料老人ホーム

有料老人ホームの種類		介護サービスの提供方法	入居要件
介護付	介護専用型	サービス計画書に沿って介護や生活支援サービスを行う	要介護〜
	混合型		自立〜
住宅型		入居者の要望に応じて外部サービス事業者が介護サービスを行う	自立〜
健康型		食事や生活サービスのみ提供され、介護が必要になったら退去しなければならない	自立のみ

利用料の支払い方

支払い方式	内容
前払い方式	終身にわたり家賃などの全額または一部を前払いする
月払い方式	前払金なし、家賃を月払いする （※前払い方式より高額に設定されていることがある）
選択方式	前払金方式か月払い方式か選択する

　最終的にはご本人と施設の相性もあり、こればかりは入所してみなければわかりません。一時金がある有料老人ホームなどでは、平成18年7月以降に入所契約した場合は、90日以内であればクーリング・オフが使えます。

　ただし、必ずしも支払った金額が全額戻ってくるわけではなく、施設ごとの規定によって、どの名目の費用がどれだけ返金されるのか異なりますので、過度の期待は禁物です。入居してから使用した日用品や食費や、消耗品は対象になりません。

07

諦めるのはまだ早い！
特別養護老人ホームに入所できないときの「裏ワザ」って？

入所に数年も待てない！ 何か良い方法はない？

特別養護老人ホームは、いわゆる「特養」と呼ばれる人気の施設で、24時間常駐で介護スタッフが配置されて、看取りまでしてくれる「終の棲家」です。一時金の必要がなく、所得によって食費や居住費が安くなる「介護保険負担限度額認定証」が適用される介護保険施設で、経済的負担が少ないことから申し込みが殺到し、入所するまで2〜3年待ちが一般的と言われています。

朗報！ 空きのある地方の特別養護老人ホームを狙う

とはいえ入所を希望しているのに入所できずお困りのときは、申し込みが集中する都市部ではなく、**比較的空きのある地方の特別養護老人ホームに申し込むことも検討しましょう。**

お住まいの地域以外の特別養護老人ホームなどに入所する場合、住所変更前の市区町村が引き続き保険者となることを住所地特例と言います。これは、施設が集中する市区町村に被保険者が集まりすぎて、財政不均衡を避けるために作られた制度です。

施設が遠方の場合、頻繁に面会に行けない、施設から呼び出しがあったときにかけつけるのに時間がかかるなどのデメリットもありますが、介護者は仕事を辞めずにすみ、要介護者は家族に気を使わずマイペースで過ごすことができます。

お住まいの市区町村以外の施設に入所する「住所地特例制度」

住所地特例対象施設

・介護老人福祉施設（特別養護老人ホーム）
・介護老人保健施設
・介護療養型医療施設
・有料老人ホーム
・養護老人ホーム
・軽費老人ホーム（ケアハウス）
・サービス付き高齢者向け住宅（有料老人ホームに該当するサービスを
　提供するもの）
・介護医療院

※詳しくは市区町村にお問い合わせください。

入所要件に当てはまらなくても「例外」はある

　また、特別養護老人ホームの入所要件は原則要介護3以上となっていますが、要介護1〜2でも、やむを得ない事情により「特例的に入所を認める」ことがあります。次の条件に当てはまる方は入所できる可能性がありますので、市区町村や施設に相談してみることをお勧めします。

要介護1〜2でも特例入所と判断される具体的要件

・認知症で症状・行動・意思疎通に困難が頻繁に見られる人
・知的障害や精神障害等を伴い、症状や行動、意思疎通の困難さが頻繁に見られる人から、家族から深刻な虐待が疑われる方まで、心身の安全・安心の確保が困難な人
・単身で住んでいる、同居家族が高齢または病弱など、家族による支援が期待できない　など

少人数でなじみの関係づくり

認知症になっても
家庭的な環境で暮らせる

要支援2から入所対象になる

　民間企業や社会福祉法人などが運営を行っている認知症対応型共同生活介護（グループホーム）は、要支援2以上の認知症高齢者を入所対象にしています。**医師から認知症の診断を受けていることも要件です。**

　1ユニット5〜9人までの家庭的な雰囲気の中で、食事・入浴・排せつなどの支援を受けながら、認知症高齢者が共同生活を行います。

　最大9名という小規模のメリットは、少人数の中で「なじみの関係」を築くことで認知症状を軽減し、できるだけ家庭に近い環境で落ち着いて穏やかに生活できることが可能となるためです。入所を希望する場合は、施設に申し込みの希望を伝えてください。

認知症対応型共同生活介護（グループホーム）について

サービス内容	介護が必要な認知症の高齢者が少人数で共同生活をし、家族的な雰囲気の中で日常生活の支援や機能訓練などを受けられる。グループホームは「地域密着型サービス」に該当 ・食事、入浴、排せつの介護 ・機能訓練　など
対象者	認知症があり、介護保険で要支援2または要介護1～要介護5と認定された方 ※ただし、認知症の原因となる疾患が急性（症状が急に現れたり、進行したりすること）の状態にある場合は対象外
定員	5～9名
職員配置	職員は利用者3人に1人以上の割合で配置する他、夜間は少なくとも1人以上の常駐が必要 〈職種〉 ・生活相談員 ・介護職員 ・看護師 ・介護支援専門員（ケアマネジャー）
費用	月15万円前後 ・介護保険の自己負担金 ・家賃 ・光熱費 ・食材料費　など ※一時金がかかる場合もある ※介護サービスについては介護保険が利用できるが、入居金や家賃などは保険の対象外
住まいの形態	居室は個室、居間や食堂などは共有スペース。地域にある住宅（アパート、マンション、一戸建て住宅など）で共同生活を行う

（参考）目黒区ホームページ「認知症対応型共同生活介護（グループホーム）（介護保険）」
独立行政法人福祉医療機構運営 WAM NET ホームページ「認知症対応型共同生活介護（グループホーム）」

第6章

気づかないから恐ろしい！
高齢者虐待の真実

「もう少し様子を見よう」が一番危ない！

どこからが虐待なの？

あなたは大丈夫？ 暴力だけではない高齢者虐待

相談・通報件数が年々増加している高齢者虐待。高齢者虐待には、暴力ばかりでなく、「自分が虐待している」と認識しづらいものもあるというのが難しいところ。

また、他人が高齢者虐待をしているのではないか？と疑わしく思っても、どこからが虐待なのかわからず高齢者を放置してしまい、後に大きな事故につながるケースもあります。**高齢者虐待は、「もう少し様子を見よう」が一番危ないのです。**

では、高齢者虐待を防止するにはどうしたら良いのでしょうか？

▶高齢者虐待の定義とは

65歳以上を「高齢者」と言います。また「養護者」とは、高齢者を養護する介護施設従事者以外の方を言います。食事などの日常生活介護、金銭管理などのお世話をする方が養護者です。また、家族や親族でなくても、同居していなくても、身の回りのお世話をする知人や友人が養護者に該当することもあります。

▶高齢者虐待防止法

「高齢者虐待の防止、高齢者の養護者に対する支援等に関する法律」（平成17年法律第124号）は、平成18年4月から施行されました。

【目的】 高齢者の権利利益の養護

【施策】 高齢者虐待の防止、早期発見、早期対応を国や地方公共団体が推進すること。また、**福祉・医療関係者だけでなく、国民全般に高齢者虐待に関わる通報義務を課し早期発見等への協力を求め、高齢者の保護、養護者の支援措置を行う**など。

要介護施設従事者等（※）による 高齢者虐待の相談・通報件数と虐待判断件数の推移

※介護老人福祉施設、居宅サービス事業等の業務に従事する者

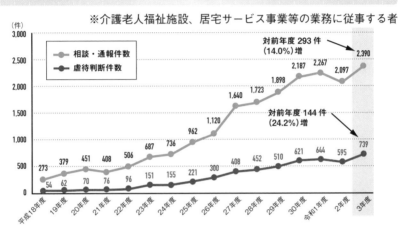

養護者（※）による 高齢者虐待の相談・通報件数と虐待判断件数の推移

※高齢者の世話をしている家族、親族、同居人など

高齢者虐待の種類を知る

小さなことも高齢者虐待にあたる可能性が

　高齢者虐待を予防、早期発見するためには高齢者虐待の種類について知る必要があります。

　高齢者虐待の種類（定義）には5つあります。①**身体的虐待**、②**介護・世話の放棄・放任**、③**心理的虐待**、④**性的虐待**、⑤**経済的虐待**です。「いじめてやろう」とか、相手に「嫌がらせをしよう」としているかどうかは無関係で、「自覚」「悪意」は問いません。これこそが、高齢者虐待の早期発見を遅らせる盲点となっているのかもしれません。

高齢者虐待（養護者によるもの）5つの定義

		暴力行為で痛みを与える、身体に外傷を与える行為
身体的虐待	内容	・叩く、蹴る、つねる ・本人に向かって物を投げつける ・やけどさせる ・刃物などを振り回す、外傷を与える ・医学的判断に基づかない、痛みを伴うようなリハビリの強要 ・部屋に鍵をかけて出られないようにする　など
	サイン	身体に小さな傷が頻繁に見られる、通常ではありえない場所に傷・火傷の痕がある、傷やあざの説明の辻褄が合わないなど

		必要な介護サービスの利用を妨げる、世話をしないなどにより、高齢者の身体的・精神的状態を悪化させること	
介護・世話の放棄・放任（ネグレクト）	内容	・食事や水分を十分に与えない ・髪や爪が伸び放題、皮膚や寝具や衣類などが汚れている ・入浴させず異臭がする ・必要にもかかわらず医療機関の受診をさせない ・排泄介助をせず汚れたままにしておく ・冷暖房を使わせない ・叩かれるところを見て見ぬふりをする　など	
	サイン	部屋が非衛生的、ごみや汚物の放置、悪臭がする、空腹を訴える、通院させてもらえないなど	
心理的虐待		威圧的な態度や脅し、侮辱などの嫌がらせで、精神的に苦痛を与える行為	
	内容	・失敗を笑ったり、ばかにする ・怒鳴る、罵る、無視する ・子ども扱いをする ・本人の尊厳を無視した排泄介助 ・家族や友人等との団らんから排除する　など	
	サイン	かきむしりや噛みつき、ゆすりなどがある、不規則な睡眠、身体を委縮させる、おびえる、泣くなど	
性的虐待		本人との合意がない性的な行為やその強要	
	内容	・わいせつな映像や写真を見せる ・キス、性器への接触、セックスを強要する ・排せつの失敗に対して、懲罰的に下半身を裸にして放置する ・着替えの介助がしやすいという目的で、下半身を裸にしたり下着で放置したりする ・人前で排泄行為やオムツ交換をする　など	
	サイン	性器や肛門から出血や傷が見られる、急におびえたり人目を避けるようになるなど	

		本人の合意なしに財産や金銭を使用、 理由なく金銭の使用を制限する
経済的虐待	内容	・日常生活に必要な金銭を渡さない ・本人の自宅等を本人に無断で売却する ・年金や預貯金を無断で使用する ・入院や受診、介護保険サービスなどに必要な費用を支払わ ない　など
	サイン	年金などがあるのに自由に使えるお金がないと訴える、お金はあるのにサービス利用料や生活費の支払いができない、通帳を取られたと訴えるなど

（参考）厚生労働省「高齢者虐待防止の基本」

　以上の内容には、はっきり虐待であるとわかりやすいものもあれば、どの家庭でもありがちな、こんなことまで？ と思う内容もあります。

　ご自身の介護（ケア）を見直すためのご参考になさってください。

NOTE

実際にあった
高齢者虐待の事例
介護者によって限界は違う。ケースもさまざま

辛くなったら一人で抱え込まず人に相談しよう

　高齢者虐待が起きる背景にある理由は、介護者がギリギリまでSOSを出せない、虐待を受けている本人が介護者をかばう、介護者に相談相手がいない（聞いてもらえない）、介護保険制度の知識不足など、さまざまあります。

　これからご紹介する事例は、高齢者虐待は決して他人事ではない、誰にでも起こりうる問題だと感じていただける身近なケースばかりです。孤独な介護はご自身を追い詰めるばかり。介護とは、1人ではなくチームで行うものだということを知ってください。

事例 1　「認知症の姑の介護に疲れた。夫は介護に無関心で話を聞いてくれなかった」

要介護者　86歳女性（要介護3、認知症）
介護者　　58歳女性（要介護者の長男の妻、同居）

　認知症の姑の介護をしていた長男の嫁。認知症で話の辻褄が合わない、指示に従わない姑の介護に疲れを感じていました。しかし、そのことを長男である夫に相談しても、介護にはまったく無関心で話を聞いてくれません。嫁は、実の母親の介護に関心を示さない夫に腹を立てて、夫婦

仲も次第に悪くなっていったそうです。

その頃から、嫁は姑に向かって暴言を吐いたり暴力をふるったりするようになりました。食事は与えていたものの、姑に利用させるスペースは自室のみと決め、守らなかったときには姑を引きずり回していたことが判明。

虐待発見のきっかけは、デイサービスでの入浴時に、姑の体や顔に複数のあざが発見されたことです。そこで介護職員が本人にあざの理由を聞き取ったところ、「転んだ」と答えるのみ。しかし、デイサービス職員は虐待の疑いがあるとして地域包括支援センターへ通報。虐待と認定されました。

その後、市区町村の介護福祉課の職員と地域包括支援センターの職員が自宅を訪問。ヒアリングにより、嫁の介護疲れと判断し、緊急的に姑を施設へ宿泊させ、入所の方向で調整することになりました。

姑の介護に、夫の協力が得られなかったことが虐待の引き金になったケースです。

在宅介護サービスを増やすだけでは、長男の妻の精神的介護負担を軽減できないと判断。やむを得ず施設入所となりました。

事例 2 「介護は自分がするんだと
譲らない息子が、90歳父に暴力」

要介護者　90歳男性（要介護3）
介護者　　62歳男性（要介護者の長男、無職）

年齢相応に足腰が弱り、物忘れがひどくなってきた父親の介護をしていた無職の長男。長男の妻は早くに亡くなっており、夫婦に子どもはい

ませんでした。

　夜間、排泄のたびに長男は父に起こされ、日中は意味もなく家の中を歩き回っては転ぶ父への声掛けや介助、また自分の姿が見えないと大声で呼びつける父にイライラしてしまい、「つい殴ってしまった」と長男自身が通報をしました。そして市区町村の介護福祉課の職員や地域包括支援センター、警察が自宅を訪問し、介護者である長男からヒアリングを行い、虐待者と認定しました。

　長男は「父には悪いことをしたが、できる限り家で面倒を見たい」という気持ちが強く、ヒアリング後も施設入所を拒否。そのため、ケアマネジャーや地域包括支援センター、民生委員などが定期的な見守りに入り、長男の話を傾聴して経過観察することになりました。

介護サービスを増やし、長男と本人が離れる時間を確保することで暴力も落ち着き、在宅介護を続けられたケースです。

事例3　「専業主婦だから、と　介護者にさせられて納得がいかない」

要介護者　87歳女性（要介護5）
介護者　54歳女性（要介護者の次女、専業主婦）

　要介護5で寝たきりの母親の介護をする次女。訪問介護員（ヘルパー）が自宅を訪問した際、排泄介助を行っていないのか、本人のいる自室からは強い尿臭や便臭が漂い、部屋も物で散乱し、掃除をしていない様子でした。

　ヘルパーが排泄介助をし、水分と食事を提供すると、本人がものすごい勢いで飲み食いを始めたことから、十分な介助や食事が与えられてい

ないのではないかと、地域包括支援センターに相談が入りました。

　自宅からの通いで介護をしていた次女。相談を受けて訪問した地域包括支援センターの職員がヒアリングしたところ、次女は母に昼食しか食事を与えていなかったこと、十分な排泄介助をしていなかったことがわかりました。また、次女は経済的なことを理由に、必要な介護サービスや通院を拒否。職員に対し、次女は興奮した様子で「母にこれ以上お金は払えないし、もうどうなってもいいです！」と声を荒げて言いました。

　専業主婦だった次女は、兄弟から介護のキーパーソン（メインの介護者）にされた、ならざるを得なかったと訴えており、現状に納得できていなかったことが判明。また、自分をメインの介護者にしたまま、まったくフォローしてくれない兄弟たちに不信感を持ち、心理的な負担も大きかったと言いました。

　市区町村は、医療・介護サービスの拒否がこれ以上続くと被介護者の命の危険もあると判断し、兄弟たちとも話し合いを進めた結果、母親を特別養護老人ホームに入所させることになりました。次女が心配していた施設の料金は、第三者が介入したことで、兄弟にも金銭的な協力を得ることができました。

介護が始まったら、メインの介護者に押し付けないこと。まわりの家族が関心を持ち、メインの介護者を1人きりにしないことが大切です。

「姑が若いときに随分いじめられ、辛かった」

要介護者　84歳女性（要介護4）
介護者　53歳男性（要介護者の長男）　51歳女性（長男の妻）

　長男夫婦が、同居の母親を介護。ショートステイ（宿泊）の利用の際、職員が不自然なあざを発見したことから虐待が発覚。また、1年前には40kgほどあった体重が30kgに減少していることからも、緊急で保護する必要があると判断し、市区町村が動きました。

　自宅を訪問した市区町村の職員が、介護者である長男の妻にヒアリングをすると、妻は介護放棄を認めました。「お義母さんは若いときは厳しい人で、毎日のように私はきついことを言われてきました。それなのに、今では介護に手がかかるようになって……あきれています」とも言いました。

　長男である夫は、今まで妻が母親にいじめられてきたことへの引け目から、妻の介護放棄に口を出せず見て見ぬふりをしてきたと言いました。

　被介護者の命の危機を感じた市区町村の職員は、長男夫婦に特別養護老人ホームの入所を勧めました。話し合いの結果、無事に緊急対応で入所することが決まりました。

　家族間の問題を解決するには、根気よく親子間の関係性をヒアリングを行ってくれる第三者の介入が必要です。なるべく多くの人の目が虐待の予防につながります。

（参考）茨城県「高齢者虐待対応事例」

セルフネグレクト（自己放任）とは？
自己決定を促すことが解決のカギ

自分自身のケアを放棄してしまうセルフ・ネグレクト

　皆さんは、高齢者のセルフネグレクト（自己放任）という言葉を聞いたことがありますか？ **セルフネグレクトとは、簡単に言うと、自分自身による世話の放棄・放任**です。近年増加傾向にあります。

▶セルフネグレクトとは

　在宅において、高齢者が自己放任、自分の生活において当然行うべき行為を行わない。あるいは行う能力がないため、自己の心身の安全や健康が脅かされる状態に陥ること。

必要なサービスを「拒否する」のが特徴

　セルフネグレクトに陥ると、本当は困っているのに「支援はいらない」と介護・医療サービスの利用を拒否して、命にかかわることもあります。

　また、認知症や精神疾患や障害、アルコール依存などの問題を抱えている場合も多く、市区町村などの関与やサポートを拒否することが多いため、支援をするのは困難と言われています。

▶ セルフネグレクトの例

健康面

・本人または本人家族が受診や救急搬送を拒否する

・重度のけが、あるいは治療が必要な病気があるにもかかわらず、受診・治療を拒否する

・医療機関の受診や介護サービスの必要性を本人が感じていない

・支払いの問題もあり、医療の受診へつながらない

・アルコールやギャンブルなどの依存症があり、対応が困難　　など

金銭面

・お金はあるが、必要と感じていないためお金を出さない

・医療機関の受診や介護サービスには料金がかかるので拒否する

・アルコール依存症と認知症があり、理解力低下で金銭管理ができず、年金を受け取ったらすぐに使ってしまう　　など

衛生面

・家の前や室内にごみが散乱した中で住んでいる

・極端に汚れている衣類を着用したり、失禁があっても放置したりしている

・窓や壁などに穴が開いていたり、構造が傾いていたりする家にそのまま住み続けたりしている

・生活に必要な最低限の制度や介護サービスの利用を拒否する

▶ セルフネグレクトへの支援

セルフネグレクトは、高齢者虐待防止法の定義から除外されているため、介護の専門職が強制的に介入することができません。

　そのため、ご本人の自己決定を周囲が支援することが一つです。自ら「支援を受ける」という選択ができるよう、まずはその人の望んでいる

生活や今までの生活歴を丁寧に傾聴しましょう。

　家族同士での話し合いが難しい場合は、介護の専門職や民生委員、地域のコミュニティなどの協力を仰ぎ、徐々に介入していくことが解決のカギとなります。

（参考）東邦大学看護学部「セルフ・ネグレクトの予防と支援の手引き」

NOTE

虐待予防・発見チェックシート

あなたも気がつかずにしてしまっているかも？

チェックシートを使って虐待を予防、早期発見

高齢者虐待を予防、早期発見するために、福祉の専門職員などは次にあげる「虐待予防・発見チェックシート」を使っています。

このチェック項目を見たときに、「もしかして自分は虐待をしているのかな？」と胸が痛くなる方もいるかもしれません。しかし、**誰しも高齢者虐待をしてしまう可能性はあります。「だからこそ、予防をするんだ」という視点でご覧ください。**

虐待のレベルに応じた通報先

虐待のレベル	状態	連絡先	具体的な対応
緊急事態	高齢者の生命にかかわるような重大な状況。高齢者を避難させる必要がある	警察・救急	・レスパイト目的（介護者をケア）の入院 ・緊急ショートステイなど一時避難
要介入	放置しておくと高齢者の心身に重大な影響がある、または可能性が高い。専門職などの介入が必要	市区町村やケアマネジャー、介護事業所など	・レスパイト（介護者のケア）のショートステイ ・適切な介護サービスなどの導入
要見守り・支援	知識不足や介護負担が増加し不適切なケアになっている		

ご自身が介護している高齢者や近隣にいる高齢者の状況がチェック項目に該当し、高齢者虐待の恐れがあると思ったときには、市区町村の地域包括支援センターなどに相談し、高齢者とご自身にとってより良い環境を構築していけるよう専門職に相談・協力を求めましょう。

　高齢者虐待防止法とは、高齢者を虐待した養護者を罰するものではなく、高齢者の保護と同時に養護者の支援を行うためのものです。また、相談員には守秘義務があり、誰から通報があったのかを本人に伝えることはありません。

虐待予防・発見チェックシート

※複数の項目にあてはまると疑いの可能性が高くなります。

―― 当てはまるものがあれば◯で囲む

		身体的虐待
	あざや傷の有無	頭部に傷、顔や腕に腫脹、身体に複数のあざ、頻繁なあざなど
	あざや傷の説明	つじつまが合わない、求めても説明しない、隠そうとするなど
	行為の自由度	自由に外出できない、自由に家族以外の人と話すことができないなど
	態度や表情	おびえた表情、急に不安がる、家族のいる場面いない場面で態度が異なるなど
	話の内容	「怖い」「痛い」「怒られる」「家にいたくない」「殴られる」といった発言など
	支援のためらい	関係者に話すことを躊躇、話す内容が変化、新たなサービスは拒否など
		放棄・放任
	住環境の適切さ	異臭がする、極度に乱雑、ベタベタした感じ、暖房の欠如など
	衣服・寝具の清潔さ	着の身着のまま、濡れたままの下着、汚れたままのシーツなど

	身体の清潔さ	身体の異臭、汚れのひどい髪、皮膚の潰瘍、のび放題の爪など
	適切な食事	やせが目立つ、菓子パンのみの食事、よそではガツガツ食べるなど
	適切な医療	家族が受診を拒否、受診を勧めても行った気配がないなど
	適切な介護サービス	必要であるが未利用、勧めても無視あるいは拒否、必要量が極端に不足など
	関係者に対する態度	援助の専門家と会うのを避ける、話したがらない、拒否的、専門家に責任転嫁など
心理的虐待		
	体重の増減	急な体重の減少、やせすぎ、拒食や過食が見られるなど
	態度や表情	無気力な表情、なげやりな態度、無表情、急な態度の変化など
	話の内容	話したがらない、自分を否定的に話す、「ホームに入りたい」「死にたい」などの発言
	適切な睡眠	不眠の訴え、不規則な睡眠など
	高齢者に対する態度	冷淡、横柄、無関心、支配的、攻撃的、拒否的など
	高齢者への話の内容	「早く死んでしまえ」など否定的な発言、コミュニケーションをとろうとしないなど
性的虐待		
	出血や傷の有無	生殖器等の傷、出血、かゆみの訴えなど
	態度や表情	おびえた表情、怖がる、人目を避けたがるなど
	支援のためらい	関係者に話すことをためらう、援助を受けたがらないなど
経済的虐待		
	訴え	「お金をとられた」「年金が入ってこない」「貯金がなくなった」などの発言など
	生活状況	資産と日常生活の大きな落差、食べる物にも困っている、年金通帳・預貯金通帳がないなど
	支援のためらい	サービス利用負担が突然払えなくなる、サービス利用をためらうなど
その他　上記項目以外に気づいたこと、気になることがある場合に記入		

「高齢者虐待」通報の
ポイントと流れ
安心して！ 通報しても個人情報は守られる

虐待かも？と思ったら

　高齢者虐待の予防、早期発見をするためには、介護の専門職だけでなく地域の方たちによる多くの目が大切です。身近な高齢者の状況からして、「虐待かも？」と思ったら、市区町村の相談窓口または地域包括支援センターへ連絡してください。その勇気ある通報で、高齢者を危機的状況から助けることができるかもしれません。

▶高齢者虐待通報の流れ

市区町村または地域包括支援センターの窓口で受理

高齢者の安全確認・事実確認、情報収集

　高齢者の安全確認や状態を確認するため、市区町村・地域包括支援センターが訪問調査を行います。

個別ケース会議

　市区町村・地域包括支援センターや関係機関などが、今後の支援について協議・検討を行います。高齢者本人の意思や養護者（介護者）の意志、その家庭の困りごとなどをしっかり把握した上で対応を考えます。

関係機関・関係者による支援の実施

　緊急事態の対応、さまざまな専門職や専門機関の介入的支援、見守り支援など多方面から支援をしていきます。その際、高齢者だけでなく養護者の支援も行います。

定期的な訪問などによるモニタリング

　今の支援が適切かどうかを、関係する専門職でチェックします。支援の方針や内容、役割分担について再検討などを行います。

支援対応の終了

　虐待が解消され生活が安定したのを確認できたら、支援対応終了です。

(参考) ワムネットホームページ「事実確認及び立入調査」

通報したことを知られたくない

　高齢者虐待の通報・届出を受けた市町や地域包括支援センターの職員は職務上、通報によって知り得た情報（通報した方などを特定する情報）を漏らしてはならないという守秘義務があるので、相手に知られることはありません（高齢者虐待防止・養護者支援法第8条、同法第17条第2項）。

　また、**高齢者虐待の通報は、「虐待が確認できないと通報できない」のではなく、「高齢者虐待の疑いや恐れがある」段階で通報して良い**ということも知っておいてください。

　介護施設の職員などの場合、自分の勤めている施設で起きた虐待を通報しても、施設に対して通報者が誰であるか明かさないなどの配慮をすることになっています。　また、「通報などをしたことを理由に、解雇その他不利益な取り扱いを受けない（虚偽・過失による通報を除く）」ことが定められています。

大切な人と
自分を守るために
自分の心のSOSに気づこう

自分の心の声に耳をすませて「共倒れ」を防ぐ

　介護やお世話ばかりに時間を費やし、自分の心の声を聞くことをやめたり諦めてしまうと、いつか心が疲れ果て壊れてしまいます。

　介護に費やす時間や労力は、人によって受け入れられる（キャパシティー）範囲が異なります。しかし、自分の介護の限界を知る目安はあります。それが、何げない言葉や態度に現れる「サイン」です。

▶介護負担オーバーのサイン

・要介護者に今まで使わなかったキツイ言葉を使ってしまう
・要介護者が困っていても見て見ぬふりをしたり、失敗を厳しく怒る
・見守りなどの時間が十分とれず、安全の確保ができていない
・介護する人の体調あるいは生活パターンが崩れている　など

　こうした兆候が見られたら、介護サービスを増やすか、介護者を休めるためのショートステイ（泊りのサービス）、場合によっては施設入所を検討するタイミングに来ています。また、要介護者の状態が変わったときは「変更申請」という区分見直しの申請を行うことができます。思い当たるサインがあれば、早急にケアマネジャーへ相談しましょう。

　介護者が元気でいることは、結果的に要介護者との「共倒れ」を防いで、お互いが幸せでいられるための大切な要素なのです。

📖 N O T E

【参考文献】

『身近な人の介護で「損したくない！」と思ったら読む本』（河北美紀著・実務教育出版）

介護認定審査会委員が教える「困らない介護の教科書」（河北美紀著・同友館）

『世界一わかりやすい 介護保険のきほんとしくみ 2021-2024年度版』（イノウ著・ソシム）

『ユーキャンの介護保険利用マニュアル』（株式会社東京コア編・自由国民社）

『ぱっと見で超わかる！ 2024年介護保険改正』（中央法規「ケアマネジャー」編集部編・中央法規出版）

『ケアマネ・相談援助職必携 現場で役立つ！ 社会保障制度活用ガイド2023年版（「ケアマネジャー」編集部編、福島敏之著・中央法規出版）

【著者略歴】

河北美紀 （かわきた・みき）

株式会社アテンド代表取締役
東京都江戸川区介護認定審査会委員

東京生まれ。旧三菱銀行およびみずほ銀行で窓口・ローンアドバイザー業務に携わったのち、2013年に株式会社アテンドを設立。同年に通所介護の高齢者リハビリデイサービス「あしすとデイサービス」、2020年に訪問介護「あしすとヘルパーステーション」を開所。2017年、全国35か所で開催された介護コンクール横浜会場において最優秀賞を受賞。現在は介護施設経営に加え、東京都江戸川区の「介護認定審査会委員」として、介護手当の受給もれや要介護認定が下りないといった情報不足によるトラブル、介護離職や介護費用など仕事・お金の問題を解消することで、全世代が安心して生活できるよう日々精力的にセミナー・執筆活動を行っている。趣味は神社仏閣巡り。夢は介護分野に加え、小説も書ける作家になること。

【著書実績】
『身近な人の介護で「損したくない！」と思ったら読む本』（実務教育出版）
『介護認定審査会委員が教える「困らない介護の教科書」』（同友館）

【記事執筆・監修実績】
明治安田生命、オリックス銀行、週刊現代、PRESIDENT、マネー現代、eclat、幻冬舎ゴールドオンライン、聖教新聞、いえケア、ケアスル介護など

【メディア出演実績】
ABEMA Prime、人生が変わる1分間の深イイ話（日テレ）、経済界、日本経済新聞、週刊ダイヤモンド、NHKひるまえホット、高齢者住宅新聞、シルバー新報など

【講演実績】
秋田銀行、熊本銀行、十八親和銀行、荘内銀行、中国銀行、七十七銀行、百十四銀行、福岡銀行、北都銀行、横浜銀行、あいおいニッセイ同和損保、フィデアホールディングス、日本生命主催セミナー、ふくおかフィナンシャルグループ、東京都中高年福祉推進協会、高齢者住宅フェアin東京「介護経営者30人トークイベント」など

河北美紀公式ホームページ　https://miki-kawakita.x0.com/

介護のプロだけが知っている！

介護でもらえる「お金」と「保障」がすらすらわかるノート

2024年3月25日　初版第1刷発行

著者	河北美紀
発行者	淺井亨
発行所	株式会社実務教育出版
	〒163-8671 東京都新宿区新宿1-1-12
	電話 03-3355-1812（編集）、03-3355-1951（販売）
	振替 00160-0-78270
編集	小谷俊介
編集協力	大西夏奈子
企画協力	松尾昭仁（ネクストサービス株式会社）
執筆協力	田中紘太（株式会社マロー・サウンズ・カンパニー代表）
ブックデザイン	華本達哉（aozora.tv）
DTP・図版制作	華本達哉（aozora.tv）
校正	鴎来堂
印刷・製本	図書印刷